目　　次

入試出題形式別問題集の使い方〔英語〕

1 はじめに

・この問題集は，新潟県公立高校入試合格を目指す皆さんが，自宅で効率よく学習を進められるように，「新潟県統一模試」で出題された問題を分野別にまとめたものです。

・この問題集のポイントは，分野別に問題構成されている点にあります。「不得意な分野の克服」「得意な分野のさらなる得点力ＵＰ」のためには，同種類の問題を集中的に練習することが効果的です。

2 問題集の構成

① 「解法の要点」　　出題形式別に要点を説明
② 「問題」　　　　　「放送問題」「条件英作文」「対話文読解」「長文読解」
③ 「解答・解説」　　問題を詳しく解説

3 リスニング放送問題音声について

リスニング放送問題の音声は、すべてオンライン上で配信しております。
右の QR コードまたは以下のアドレスから一覧にアクセスし、
解答に必要な音声をお聴きください。

https://t-moshi.jp/listening

4 具体的な使用方法

使用方法として，２つの具体例を記載します。様々な使い方がありますので，工夫して使用してください。

≪不得意な分野を克服したい場合≫

① 不得意な分野を洗い出そう！

問題を確認しながら，「文章内容が把握できない」「適切な文法がわからない」など，自力で解くのは難しいと思われるものにチェックを入れていきます。

② チェックがついた問題の考え方や解き方を確認しよう！

問題を見ながら，解答解説と照らし合わせて，理解できていない箇所を徹底的に習得します。その際，解答解説の内容を目で追うだけではなく，具体的に書き出してみることが大切です。書いている内容が十分理解できない場合は，周りの人や先生に質問しましょう。

③ 理解を定着させよう！

しばらく経ってからもう一度解いてみると，理解できたはずの考え方や解き方を忘れてしまっていることが珍しくありません。自力で解けるようになるまで，粘り強く習得することが大切です。くり返しやって理解が定着すると，同種類の問題への対応力がアップします。

≪得意な単元（分野）の得点力をＵＰしたい場合≫

① 問題演習のときは制限時間を決めよう！

制限時間があると緊張感が高まり，わかっているはずの文法が思いつかなかったり，普段しないようなスペルミスが起こりがちです。プレッシャーがかかる試験本番を想定し，時間を決めて問題演習することが大切です。

② "解き方"へのこだわり

解答の〇×だけでなく，解説で「解き方」や「考え方」を確認します。自分と解答解説の解き方の違いをチェックすることで，理解がさらに深まります。

5 問題の使用時期

・「新潟県統一模試」で出題された実施月の一覧表にそって使用してください。
・模試実施月の前後１か月の期間に使用するのが標準的な使用方法です。

放　送　問　題

放送問題

《解法の要点》

　リスニングの問題は正答率が高いので，確実に得点しておきたい。放送される英文はほとんどが２年生までの学習内容で構成されているので聞き取りやすく，かなり平易ともいえる。

　メモを取りながら聞き，聞き取れないところがあってもあわてずに２回目に聞き取るようにする。動揺してしまい，他の部分まで聞き逃してしまうとダメージが大きくなるので要注意。

　次の点を頭に入れておき，多少聞き取れないところがあっても動じないで，平常心で臨むことがポイントとなる。

　・聞き取れなくても，もう一度チャンスがある。２度目に聞き取れれば問題ない。

　・聞き取れなくても，全体の内容から推測できることがある。

　・全問正解できなくても，数問の失敗は合格圏内である。

　ただし，いくら上記の心構えがあっても，ぶっつけ本番で臨んで，よい結果を出すというのはなかなか難しい。普段からリスニングに慣れておき，メモの取り方，聞き取れなかったときの心のコントロールの仕方などをトレーニングしておくことが，リスニング克服の近道となる。

●短い英文と質問を聞いて，答えを選ぶ問題

　英文が読まれる前に，素早く選択肢に目を通しておき，質問の大まかな予想をしておくことで解答が容易になる。また，質問は通常疑問詞で始まるので，疑問詞の意味をしっかり押さえ，正しく答えているものを選ぶ。選択肢が絵や図，表を使っている問題は，むしろ易しい場合が多い。

●短い対話と質問を聞いて，答えを選ぶ問題

　上記の問題の解法と基本的に変わりはないが，対話になっているのでより長く複雑な文になっている。さらに注意深く聞き，発言者は誰なのか，質問は誰についての質問なのかなど，混乱しないように正確に押さえておく必要がある。

　正確で簡潔なメモを取ることがポイントとなる。メモは日本語，英語，記号，数字などを使ってわかりやすく書くことを心がけよう。普段からのトレーニングで「図書館」は🅛とするなど，独自の記号を作っておいても役に立つだろう。

　（例）　Keiko went to the library yesterday afternoon.（ケイコは昨日の午後図書館へ行った。）

　→K　🅛　yes　pm

●長い英文と質問を聞いて，応答文を記述する問題

　上記の二つの問題に比べて，長めの英文であり，文全体の概要をつかむことが大切である。放送では「英文→質問文」が２回繰り返されるので，何が問われているかを確認し，英文が放送されているときにメモを取るようにしよう。

〔1〕 放送を聞いて，次の(1)～(3)の問いに答えなさい。

(1) これから英文を読み，それについての質問をします。それぞれの質問に対する答えとして最も適当なものを，次のア～エから一つずつ選び，その符号を書きなさい。

1　ア　A nurse.　　　イ　A teacher.　　　ウ　A pilot.　　　エ　A student.

2　ア　At 7：20.　　　イ　At 7：45.　　　ウ　At 8：05.　　　エ　At 8：15.

3　ア　Beth.　　　イ　Akemi.　　　ウ　Yoko.　　　エ　Beth and Akemi.

4　ア　He will listen to music.　　　イ　He will play basketball in the gym.

　　ウ　He will dance in the gym.　　　エ　He will sing English songs in the music room.

(2) これから英語で対話を行い，それについての質問をします。それぞれの質問に対する答えとして最も適当なものを，次のア～エから一つずつ選び，その符号を書きなさい。

1　ア　They are taking pictures.

　　イ　They are holding a panda.

　　ウ　They are talking about a picture.

　　エ　They are traveling in China.

2　ア　Four.　　　　　　　　　　イ　Eleven.

　　ウ　Thirteen.　　　　　　　　エ　Fifteen.

3　ア　He can't find his dictionary.

　　イ　He didn't finish his homework.

　　ウ　He lost his dictionary at school.

　　エ　Ellen isn't his classmate.

4　　　　　　　　　　デパートのフロア案内図

ア…	4 F	レストラン　文房具
イ…	3 F	紳士服
	2 F	婦人服
ウ…	1 F	かばん　靴　アクセサリー
エ…	B F	食料品　菓子　化粧品

(3) ALTのホワイト先生（Ms. White）が，生徒たちへのアンケート結果について説明します。その内容について，下の1～3の（　　　）の中に当てはまる英語を1語ずつ書きなさい。また，4の（　　　）の中に当てはまるグラフを，次のA～Dから一つ選び，その符号を書きなさい。

A

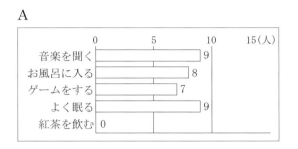

B

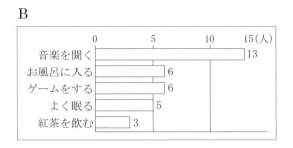

C

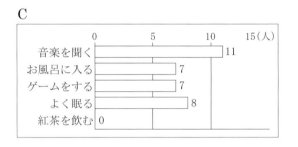

D

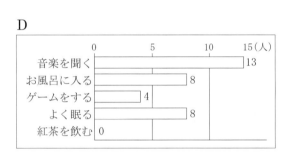

Ms. White asked her students about the （　1　） way to relax at home.　There are five answers.　Ms. White's favorite way to relax is drinking （　2　） after dinner.　She thinks （　3　） well is good for the health.

The graph is （　4　）.

（注）　relax　くつろぐ　　graph　グラフ

〔2〕 放送を聞いて，次の(1)〜(3)の問いに答えなさい。

(1) これから英文を読み，それについての質問をします。それぞれの質問に対する答えとして最も適当なものを，次のア〜エから一つずつ選び，その符号を書きなさい。

1　ア　A pen.　　　　　　　　　　イ　A bike.

　　ウ　A letter.　　　　　　　　エ　A phone.

2　ア　At 8:00.　　　　　　　　　イ　At 10:00.

　　ウ　At 11:00.　　　　　　　　エ　At 3:00.

3　ア　You're welcome.　　　　　イ　Yes, please.

　　ウ　It's not difficult for me.　エ　No, I won't.

4　ア　Cooking.　　　　　　　　　イ　Doing the shopping.

　　ウ　Cleaning the rooms.　　　エ　Giving food to their dog.

(2) これから英語で対話を行い，それについての質問をします。それぞれの質問に対する答えとして最も適当なものを，次のア〜エから一つずつ選び，その符号を書きなさい。

1　ア　Yes, she did.　　　　　　　イ　No, she didn't.

　　ウ　Yes, she was.　　　　　　エ　No, she wasn't.

2　ア　2,500 yen.　　　　　　　　イ　3,000 yen.

　　ウ　5,000 yen.　　　　　　　エ　6,000 yen.

3　　　　　　　　　　　　今週のそうじ当番

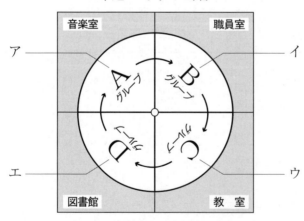

4　ア　Because he often uses it in Canada.

　　イ　Because he will visit Japan to see his brother next year.

　　ウ　Because he learned a lot about it when he used the Internet.

　　エ　Because he became interested in it when he saw it in his brother's room.

(3) 中学生のソノコ (Sonoko) は，英語の授業で職場体験についてのスピーチをします。これから，その
　　スピーチを放送します。その内容について，四つの質問をします。それぞれの質問の答えとなるように，
　　次の１〜４の □□□ の中に入る１語を，英語で書きなさい。

　　1　For □□□ days.

　　2　It was very □□□ .

　　3　A □□□ working at the supermarket did.

　　4　A smile can make people □□□ .

〔3〕 放送を聞いて，次の(1)〜(3)の問いに答えなさい。

(1) これから英文を読み，それについての質問をします。それぞれの質問に対する答えとして最も適当なものを，次のア〜エから一つずつ選び，その符号を書きなさい。

1 ア A TV.　　　　イ A newspaper.　　ウ A notebook.　　　　エ A radio.

2 ア That's too bad.　　　　　　　　イ I bought it at a store.

　 ウ Yes, please.　　　　　　　　　エ I'm glad you like it.

3 ア Two languages.　　　　　　　　イ Three languages.

　 ウ Four languages.　　　　　　　　エ Five languages.

4 ア Spring.　　　　イ Summer.　　　ウ Fall.　　　　　　エ Winter.

(2) これから英語で対話を行い，それについての質問をします。それぞれの質問に対する答えとして最も適当なものを，次のア〜エから一つずつ選び，その符号を書きなさい。

1 ア Yes, she did.　イ No, she didn't.　ウ Yes, she was.　　エ No, she wasn't.

2 ア At two o'clock.　イ At three o'clock.　ウ At four o'clock.　エ At five o'clock.

3 ア Emi.　　　　　　　　　　　　イ Emi's mother.

　 ウ Fred's mother.　　　　　　　　エ Fred's grandmother.

4

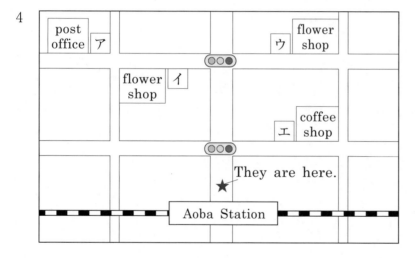

(3) これから，高校生のセイジ(Seiji)のスピーチを放送します。その内容について，四つの質問をします。それぞれの質問の答えとなるように，次の1〜4の　　　　の中に当てはまる英語を1語ずつ書きなさい。ただし，数字も英語のつづりで書くこと。

1 He went there when he was 　　　　 years old.

2 He felt 　　　　 .

3 He is going to stay in Japan for one 　　　　 .

4 They will go to the 　　　　 museum.

〔4〕 放送を聞いて，次の(1)〜(3)の問いに答えなさい。

(1) これから英文を読み，それについての質問をします。それぞれの質問に対する答えとして最も適当なものを，次のア〜エから一つずつ選び，その符号を書きなさい。

1　ア　A desk.　　　　イ　A textbook.　　　ウ　A chair.　　　　エ　A map.

2　ア　Because she learned it in New Zealand.
　　イ　Because she wants to make many Japanese friends.
　　ウ　Because Japanese is not hard for her.
　　エ　Because she has been in Japan for a long time.

3　ア　On Tuesdays.　　　　　　　　　イ　On Fridays.
　　ウ　Only on Sundays.　　　　　　　エ　On Saturdays or Sundays.

4　ア　For 3 days.　　　イ　For 4 days.　　　ウ　For 7 days.　　　エ　For 10 days.

(2) これから英語で対話を行い，それについての質問をします。それぞれの質問に対する答えとして最も適当なものを，次のア〜エから一つずつ選び，その符号を書きなさい。

1　ア　Yes, he has.　　イ　No, he hasn't.　　ウ　Yes, he did.　　　エ　No, he didn't.

2　ア　The station.　　イ　The hospital.　　ウ　The flower shop.　　エ　The bookstore.

3　ア　He joined the tennis team.
　　イ　Yumi didn't know Andy played tennis well.
　　ウ　He'll play tennis with Yumi next weekend.
　　エ　He won the tennis tournament.

4

(3) これから，中学生のノゾミ(Nozomi)のスピーチを放送します。その内容について，四つの質問をします。それぞれの質問の答えとなるように，次の1〜4の □ の中に当てはまる英語を1語ずつ書きなさい。

1　She went there last □ .

2　A guide told Nozomi's family about the place in □ .

3　They wanted to know the □ place to take pictures.

4　She is trying to understand the things people from □ need.

〔5〕 放送を聞いて，次の(1)～(3)の問いに答えなさい。

(1) これから英文を読み，それについての質問をします。それぞれの質問に対する答えとして最も適当なものを，次のア～エから一つずつ選び，その符号を書きなさい。

1 ア  イ  ウ  エ

2 ア Every summer. イ Every winter. ウ Next spring. エ Next fall.

3 ア He did. イ His sister did. ウ His father did. エ His mother did.

4 ア In the sea. イ At the swimming school.

ウ In the river. エ In the pool at his school.

(2) これから英語で対話を行い，それについての質問をします。それぞれの質問に対する答えとして最も適当なものを，次のア～エから一つずつ選び，その符号を書きなさい。

1 ア Yes, he has. イ No, he hasn't. ウ Yes, he is. エ No, he isn't.

2 ア She will play tennis with Ted. イ She will go to the hospital.

ウ She will practice the piano. エ She will study Japanese.

3 ア Rainy. イ Cloudy. ウ Sunny. エ Snowy.

4

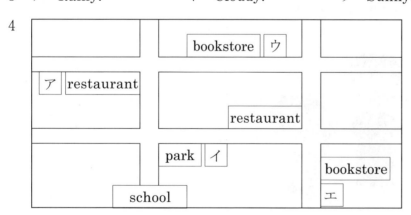

(3)　これから，ワタル (Wataru) が英語の授業でスピーチをします。そのスピーチについて，四つの質問をします。それぞれの質問の答えとなるように，次の1〜4の 〔　　　〕 の中に当てはまる英語を1語ずつ書きなさい。ただし，数字も英語のつづりで書くこと。

1　She works there 〔　　　〕 days in a week.

2　He wanted to borrow a book about American 〔　　　〕 .

3　She helped him after she finished reading a 〔　　　〕 book to children.

4　She wants them to become 〔　　　〕 in books.

〔6〕 放送を聞いて，次の(1)～(3)の問いに答えなさい。

(1) これから英文を読み，それについての質問をします。それぞれの質問に対する答えとして最も適当なものを，次のア～エから一つずつ選び，その符号を書きなさい。

1　ア　At six.　　　　　　　　　　　　イ　At six thirty.

　　ウ　At seven.　　　　　　　　　　エ　At seven thirty.

2　ア　I've already finished my homework.　イ　You should not play it now.

　　ウ　Help me in the kitchen.　　　　エ　See you later.

3　ア　One.　　　　　　　　　　　　　イ　Two.

　　ウ　Three.　　　　　　　　　　　エ　Four.

4　ア　Hiroko does.　　　　　　　　　イ　Hiroko's mother does.

　　ウ　Hiroko's father does.　　　　　エ　Hiroko's brother does.

(2) これから英語で対話を行い，それについての質問をします。それぞれの質問に対する答えとして最も適当なものを，次のア～エから一つずつ選び，その符号を書きなさい。

1　ア　Yes, she can.　　　　　　　　イ　No, she can't.

　　ウ　Yes, she did.　　　　　　　　エ　No, she didn't.

2　ア　Because she practiced hard with Mark.

　　イ　Because Mark helped her with her speech.

　　ウ　Because Mark heard her speech yesterday.

　　エ　Because she won the English speech contest.

3　ア　He will call Steve's grandfather's house.　イ　He will leave a message.

　　ウ　He will call Steve again tomorrow.　　エ　He will stay with Steve's grandfather.

4　〈路線図〉

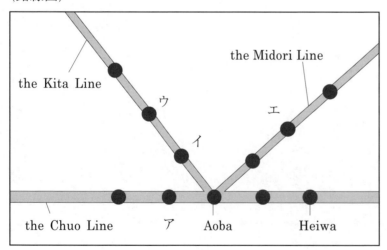

(3) これから，ALTのスミス先生 (Mr. Smith) の離任式で，生徒を代表してユミ (Yumi) が行ったスピーチを放送します。そのスピーチについて，二つの質問をします。それぞれの質問の答えを，3語以上の英文で書きなさい。

〔7〕 放送を聞いて，次の(1)〜(3)の問いに答えなさい。

(1) これから英文を読み，それについての質問をします。それぞれの質問に対する答えとして最も適当なものを，次のア〜エから一つずつ選び，その符号を書きなさい。

1　ア　A door.　　　　　　　　　　イ　A boat.

　　ウ　A ticket.　　　　　　　　　エ　A car.

2　ア　Cookies.　　　　　　　　　　イ　Fruit.

　　ウ　A cake.　　　　　　　　　　エ　Flowers.

3　ア　To the hospital.　　　　　　イ　To the station.

　　ウ　To her grandmother's house.　エ　To her mother's office.

4　ア　Thirty minutes.　　　　　　イ　One hour.

　　ウ　One hour and thirty minutes.　エ　Two hours.

(2) これから英語で対話を行い，それについての質問をします。それぞれの質問に対する答えとして最も適当なものを，次のア〜エから一つずつ選び，その符号を書きなさい。

1　ア　Yes, he did.　　　　　　　　イ　No, he didn't.

　　ウ　Yes, he has.　　　　　　　　エ　No, he hasn't.

2　ア　At 9:15.　　　　　　　　　　イ　At 9:30.

　　ウ　At 9:45.　　　　　　　　　　エ　At 10:00.

3　ア　She sent an e-mail to the center.　イ　She called the center.

　　ウ　She went to the volunteer center.　エ　She had an interview.

4
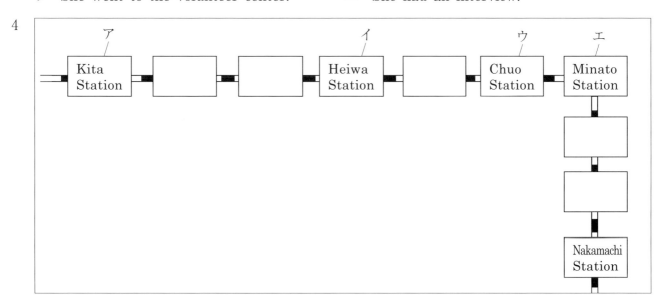

(3) 中学生のアヤコ(Ayako)が，アメリカでバスツアーに参加しています。これから，バスの中での連絡を放送します。その連絡について，二つの質問をします。それぞれの質問に対する答えを，3語以上の英文で書きなさい。

条 件 英 作 文

条件英作文

《解法の要点》

　令和3年度以降，資料と短い会話文がセットになったものが提示され，それに関する小問2，3問程度が出題されるようになった。小問の問題形式は主に，会話文内の空欄補充や英作文である。資料と会話文の関連性を理解した上で問題を解くという点で従来の問題の性質と異なる。今後もこの形式の出題が続く可能性が高い。

　資料の内容としては，講演会の案内やアンケート結果などに関するものであり，受験生が今後，高校生活などの日常的な場面で経験する可能性のあるテーマを想定していると思われる。また，会話文ではそれらに関しての意見交換が展開されている。大問全体として，受験生が資料を適切に読み取り，自分の考えを表現する能力を試すものになっている。

　過去の出題内容をまとめると次のようになる。

《令和3年度》

　・ボランティア活動の参加募集の広告と，それについての会話文について。

《令和4年度》

　・地球規模の社会問題を扱った高校生向けの講演会の案内と，それについての会話文について。

《令和5年度》

　・外国の高校生との交流活動に関するアンケート結果（グラフ）と，それについての会話文について。

●資料の読み取り

　会話文中の空欄部分に当てはまる語句を選択肢から選ぶ問題と，当てはまる英文を記述する問題が出題される。空欄の前後の会話内容と資料を合わせて読み取って判断する必要がある。

●英作文

　会話文中の相手の質問に対する返答を1行程度で記述する短文作成の問題と，その理由を3〜4行程度で記述する英作文の問題などが出題される。

　短文作成の問題の対策として，質問に対する応答文を記述することに慣れておきたい。質問文に含まれている表現を使用するなど，簡潔な表現で記述することが望ましい。

　英作文の問題は，資料の内容に基づいてある程度限定された内容の英文を記述する必要があるので，記述の自由度は低い。しかし，簡潔でありながらも理由を示す英文を記述できるようにしておく必要がある。そのために，理由を示す表現方法を復習し，同様の英作文の問題を数多く練習することが有効である。また，会話表現を覚えておくことで，自然な会話文ができ，ある程度まとまった分量の英文を作成することができる。

〔1〕　次の英文は，ALTのGreen先生と，日本人の中学生との会話の一部です。あなたなら，Green先生の問いかけに対してどのように答えますか。　①　には対象となる人を英語で書き，　②　には20語程度で，英文を書きなさい。

　　　ただし，　②　の英文の数はいくつでもよく，符号（，．！など）は語数に含めません。

Ms. Green : It's important for us to say "thank you" to people around us.　Do you want to say "thank you" to anyone?

Student 　: Yes.　I want to say "thank you" to 　①　.

Ms. Green : Why?

Student 　: 　②　.

〔2〕　あなたに，アメリカに住む友人のMaryから次のような内容のメールが届きました。この相談に対するあなたの返事を，□□□□□に5文以上の英語を書いて完成しなさい。ただし，最初の文はメールを送ってくれたことへのお礼とし，2文目以降に相談へのアドバイスを含めることとする。

【Maryからの相談】

　私はこの夏休みに，日本で2週間のホームステイをすることになりました。はじめて会うホストファミリー（host family）と打ち解けるために，どのようなことをしたらよいと思いますか。

【あなたの返事】

Hi, Mary.

Bye for now.

〔3〕 次の3枚の絵は，連続する場面を表しています。どんな場面かを考え，その状況を説明する英文を，4行以内で書きなさい。

交番 police box

〔4〕 次の3枚の絵は，連続する場面を表しています。どんな場面かを考え，その状況を説明する英文を，4行以内で書きなさい。

外国人 foreigner

〔5〕 次のディベートのテーマについてのあなたの意見を，☐に3文以上の英文を書いて完成しなさい。ただし，あなたの立場を示すために，下の英文の（　　）内のいずれかを◯で囲むこと。

テーマ：It is good to live in a big city.

So, I (think / don't think) it is good to live in a big city.

〔6〕 あなたが外国人に，日本語を一つ教えるとしたら，どのような日本語を教えますか。理由を含め，3文程度の英文で書きなさい。

〔7〕　次の質問に対するあなたの返事を完成しなさい。ただし，下の英文の＿＿＿＿＿＿に選んだものを書き，そのあとに30語程度の英文を続けなさい。

Which do you like, playing sports or reading books?　And why do you think so?

Well, I like ＿＿＿＿＿＿＿＿＿ .

〔8〕　あなたが将来なりたいと思う職業を一つ選び，なぜそれになりたいのかという理由も含め，I want to…という書き出しに続けて，4行以内の英文で書きなさい。

〔9〕　あなたのクラスは学校行事で野外キャンプをすることになっています。キャンプを海でやるか山でやるか，どちらがよいか意見が分かれています。あなたの意見を，理由も含め，4行以内の英文で書きなさい。

注　camp キャンプ（をする）　　go camping in ～　～へキャンプをしに行く

〔10〕　美穂はALTのブラウン先生（Mr. Brown）に会いに職員室まで来ましたが，先生が不在だったので次のようなメモを残すことにしました。あなたが美穂になったつもりで，□□□□□に英語を書いて，メモを完成しなさい。

　・自分はブラスバンド（brass band）部員で，今度の日曜日にコンサート（concert）を開く。
　・コンサートに，ブラウン先生を招待したい。
　・自分は，職員室（teachers' room）にまた来る。

【メモ】

Hello, Mr. Brown.

Miho

〔11〕 あなたは次のいずれかを誕生日のプレゼントとしてもらいました。_____にはもらったプレゼントを，□には30語程度の英語を書いて，お礼の手紙を完成しなさい。

・bag　　・book

【お礼の手紙】

Dear（相手の名前），

　Thank you very much for the _____.

　Thank you again.　I'd like to see you soon.

Yours,

（あなたの名前）

〔12〕 あなたの家に2週間ホームステイしていたカナダからの留学生ブライアン（Brian）が，帰国することになりました。あなたは，ブライアンに日本のお土産をあげることにしました。下の（　　）の中に，あなたが選んだお土産を英語（ローマ字）で一つ書いて紹介し，それに続けて，その説明を4行以内の英文で書きなさい。

　　This is（　　　　　　）.

〔13〕 次の英文は，みなと国際ホール（Minato International Hall）で行われる国際交流の体験イベントの【ポスター】の一部と，それについて，留学生のピート（Pete）と，アヤコ（Ayako）が話をしている【会話】です。【ポスター】と【会話】を読んで，下の(1)・(2)の問いに答えなさい。

【ポスター】

Let's Enjoy Lessons with People from Other Countries!

1. Date : March 5, Saturday

2. Place : Minato International Hall

3. Lessons :

	Name of the Lessons	Time	Fee	Language we use
Lesson A	Indian Dance	9:00 ～ 11:00 (2 hours)	400 yen	Both English and Japanese
Lesson B	Korean Cooking	9:30 ～ 12:30 (3 hours)	1,000 yen	Japanese only

| Lesson C | Playing Cricket | 13:00 ～ 16:00
(3 hours) | 500 yen | Both English and Japanese |
| Lesson D | Singing in English | 14:00 ～ 16:00
(2 hours) | 500 yen | English only |

（注）Indian　インドの　　Korean　韓国の　　cricket　クリケット（スポーツ名）　　fee　料金

【会話】

Pete　：Which lesson are you interested in, Ayako?

Ayako：I want to try Indian dance.

Pete　：But you are going to visit your grandmother in the hospital on the morning of March 5, right?

Ayako：Oh, that's right!　Then, I'll try another sport.　I'll take part in 　　　　　.

　　　（注）　take part in ～　　～に参加する

(1) 【会話】の　　　　　の中に入る最も適当なものを，次のア～エから一つ選び，その符号を書きなさい。

ア　Lesson A　　　　　イ　Lesson B　　　　　ウ　Lesson C　　　　　エ　Lesson D

(2) 【ポスター】の四つの"Lesson"について，あなたが参加するとしたら，どのLessonに参加してみたいですか。解答用紙の（　　　　）の中に，A～Dから一つ選んでその符号を書き，それに続けて，その理由を含めて4行以内の英文で書きなさい。

〔14〕　次の英文は，マサミ（Masami）が通う学校を研修旅行で訪れたイギリスの中学生のボブ（Bob）から来たメールです。マサミになったつもりで，このメールに対する返事を，"Hi Bob"に続けて，　　　　　の中に，5行以内の英文で書きなさい。　　　　　　　　　　　〔平成23年度 公立高校入試〕

Hi Masami,

Thank you for spending time with us.　I really had a wonderful time at your school. When I visited your school, I experienced the tea ceremony and it was very interesting. Now I'm interested in Japanese culture and events like calligraphy and *tanabata*.　So could you tell me more about Japanese culture or events?

Your friend, Bob

㊟　spend～　～を過ごす　　experience～　～を体験する　　tea ceremony　茶道

　　event　行事　　calligraphy　書道　　*tanabata*　七夕

Hi Bob,

Your friend, Masami

〔15〕 次の英文は，昨年ミキ(Miki)がオーストラリアでホームステイをしたときに，友だちになったジェニー(Jenny)から来たメールです。ミキになったつもりで，このメールに対する返事を，"Hi Jenny," に続けて， の中に，5行以内の英文で書きなさい。 〔平成24年度 公立高校入試〕

Hi Miki,

How are you? Last week, I saw a movie about Niigata. I saw a lot of snow in the movie, and it was beautiful. There is no snow in my town in winter. Do you like snow? Would you tell me about your life in winter?

Your friend, Jenny

Hi Jenny,

Your friend, Miki

〔16〕 ヒカリ(Hikari)さんのクラスでは，「中学校生活で楽しかったこと」という題で，英語のスピーチをすることになりました。ヒカリさんになったつもりで，解答用紙の "Hi everyone." に続けて，　　　　の中に，スピーチの原稿を5行以内の英文で書きなさい。　　　　　　　　〔平成25年度 公立高校入試〕

Hi everyone.

```




```


〔17〕 オーストラリアの中学生たちが，あなたの学校を訪問することになりました。あなたは，クラスの代表として歓迎のあいさつをすることになりました。どのようなことを話しますか。その内容を，解答用紙の "Hello, everyone." に続けて，　　　　の中に，5行以内の英文で書きなさい。

〔平成26年度 公立高校入試〕

Hello, everyone.

```




```

〔18〕　あなたが将来，旅行をするとしたらどこに行きたいですか。行きたいと思うところを一つあげ，なぜそこに行きたいのかという理由も含め，解答用紙にある "I want to go to …" という書き出しに続けて，5行以内の英文で書きなさい。　〔平成27年度 公立高校入試〕

I want to go to

〔19〕　あなたの学校に，留学生のメアリー (Mary) が来ました。あなたは，メアリーを紹介する学校新聞の記事を，英語で書くことになりました。あなたは，事前にインタビューをして，その内容をもとに記事を書きます。次の表は，メアリーへの質問とその答えをまとめたものです。下の(1)～(3)の問いに答えなさい。

〔平成28年度 公立高校入試〕

聞きたいこと	Questions	Answers
年　　　齢	①	15
出　身　地	Where are you from?	Australia
日本に来た日	②	December 27
趣　　　味	What do you like to do?	listen to music

(1)　上の表の①，②に入る英文を書きなさい。

(2)　上の表をもとにして，メアリーを紹介する記事を，3行以内の英文で書きなさい。

(3)　歓迎していることをメアリーに伝える内容の記事を，2行以内の英文で書きなさい。

(1)	①	
	②	
(2)		
(3)		

〔20〕 あなたは，同級生のショウタ(Shota)といっしょに，留学先候補の学校情報を手に入れました。次の英文は，留学先候補の【学校情報】の一部と，それについて，あなたとショウタ，ALTのイブ(Eve)先生が話をしている【会話】です。【学校情報】と【会話】を読んで，下の(1)，(2)の問いに答えなさい。ただし，【会話】の＊＊＊の部分には，あなたの名前が書かれているものとします。

【学校情報】

	School A	School B	School C	School D
Number of international students	88 from 31 countries	25 from 7 countries	62 from 18 countries	43 from 15 countries
Area information	・in a city area ・stadiums	・near the mountains ・campgrounds	・near the sea ・parks	・in a city area ・big libraries
Sports teams	・basketball ・baseball ・softball	・American football ・tennis ・soccer	・volleyball ・basketball ・tennis	・ice hockey ・baseball ・soccer
School events	international festival	drama festival	science festival	dance party

  (注) international student 留学生 area 地域 stadium スタジアム

    campground キャンプ場 softball ソフトボール ice hockey アイスホッケー

【会話】

Eve : Which school do you want to go to, Shota?

Shota : I think ☐ is good for me. I'm a member of the soccer team, so I want to play soccer abroad. And I like walking in the mountains.

Eve : I see. Which school are you interested in the most, ＊＊＊?

＊＊＊:(a)

Eve : Why do you want to go there?

＊＊＊:(b)

(1) 【会話】の ☐ の中に入る最も適当なものを，次のア〜エから一つ選び，その符号を書きなさい。

 ア School A   イ School B   ウ School C   エ School D

(2) 【会話】のa，bの（ ）の中に，それぞれ直前のイブ先生の質問に対するあなたの答えを，aは3語以上の英文で，bは3行以内の英文で書きなさい。

〔21〕 次の英文は，明日の外出のために書かれた【メモ】と，それについて，サユリ (Sayuri) がホームステイ先のスミス (Smith) 夫妻と娘のアン (Ann) と話をしている【会話】です。【メモ】と【会話】を読んで，下の(1)・(2)の問いに答えなさい。

【メモ】

Place A
NATURAL PARK ・very large field and big trees ・ride a bike around the park

Place B
CITY ZOO ・touch and feed animals ・eat delicious ice cream

Place C
STATE MUSEUM ・learn about American history ・buy nice souvenirs

Place D
MORNING MARKET ・many kinds of food ・open from 7:00 to 10:00

(注) feed 食事を与える　　state museum 州立博物館　　souvenir おみやげ

【会話】

Ann　　　　：Let's decide where to go tomorrow! Sayuri　　：I want to go to many places. Mrs. Smith：Sure, Sayuri.　But we have a party tomorrow evening.　Can we leave home and go to the ＿＿＿＿ early in the morning?　I want to get some kinds of food there. Mr. Smith ：OK.　I'll drive there.

(1) 【会話】の ＿＿＿＿ の中に入る最も適当なものを，次のア～エから一つ選び，その符号を書きなさい。

　ア　park　　　　イ　zoo　　　　ウ　museum　　　　エ　market

(2) 【メモ】の四つの外出先について，あなたが行くとしたら，どこに行ってみたいですか。解答用紙の（　　）の中に，A～Dから一つ選んでその符号を書き，それに続けて，その理由を含めて４行以内の英文で書きなさい。

〔22〕 次の英文は，みなと国際ホール(Minato International Hall)で行われる国際交流の体験イベントの
【ポスター】の一部と，それについて，留学生のピート(Pete)と，アヤコ(Ayako)が話をしている【会話】
です。【ポスター】と【会話】を読んで，下の(1)・(2)の問いに答えなさい。

【ポスター】

<u>Let's Enjoy Lessons with People from Other Countries!</u>

1. Date : March 5, Saturday

2. Place : Minato International Hall

3. Lessons :

	Name of the Lessons	Time	Fee	Language we use
Lesson A	Indian Dance	9:00 ～ 11:00 (2 hours)	400 yen	Both English and Japanese
Lesson B	Korean Cooking	9:30 ～ 12:30 (3 hours)	1,000 yen	Japanese only
Lesson C	Playing Cricket	13:00 ～ 16:00 (3 hours)	500 yen	Both English and Japanese
Lesson D	Singing in English	14:00 ～ 16:00 (2 hours)	500 yen	English only

（注） Indian インドの　　Korean 韓国の　　cricket クリケット(スポーツ名)　　fee 料金

【会話】

Pete ：Which lesson are you interested in, Ayako?

Ayako：I want to try Indian dance.

Pete ：But you are going to visit your grandmother in the hospital on the morning of March 5, right?

Ayako：Oh, that's right!　Then, I'll try another sport.　I'll take part in ☐.

（注） take part in ～　～に参加する

(1) 【会話】の ☐ の中に入る最も適当なものを，次のア～エから一つ選び，その符号を書きなさ
い。

ア　Lesson A　　　　イ　Lesson B　　　　ウ　Lesson C　　　　エ　Lesson D

(2) 【ポスター】の四つの "Lesson" について，あなたが参加するとしたら，どのLessonに参加してみた
いですか。解答用紙の(　　　)の中に，A ～ Dから一つ選んでその符号を書き，それに続けて，そ
の理由を含めて4行以内の英文で書きなさい。

〔23〕 アメリカの生徒たちが, あなたの学校を訪問することになっています。次の英文は, 交流のための【活動リスト】(Activity List)と, それについて, あなたとマユミ(Mayumi), ALTのジョン(John)先生が話をしている【会話】です。【活動リスト】と【会話】を読んで, 下の(1), (2)の問いに答えなさい。ただし, 【会話】の＊＊＊の部分には, あなたの名前が書かれているものとします。

【活動リスト】

Activity List

On February 21, ten students from our sister school in America will come to our school. We have four activities to do with the students.

Activity A 〈school lunch〉	Activity B 〈the Japanese language〉
The students don't eat lunch in their classrooms in America. Eating school lunch will be new to them.	Some of the students take Japanese classes in their school in America. Do you want to teach them the Japanese language?

Activity C 〈basketball〉	Activity D 〈tea ceremony〉
Basketball is very popular in America. Let's play basketball with the students in the gym.	The students are interested in Japanese culture. They will try tea ceremony in the *sado* club. Do you want to join them?

(注) sister school 姉妹校   tea ceremony 茶道

【会話】

John   : Which activity do you want to join, Mayumi?

Mayumi : I want to join ☐. Actually, I have never tried tea ceremony. I want to try it with the students from America.

John   : I see. Which activity are you interested in the most, ＊＊＊?

＊＊＊ : (a)

John   : Why are you interested in it?

＊＊＊ : (b)

(1) 【会話】の ☐ の中に入る最も適当なものを, 次のア～エから一つ選び, その符号を書きなさい。

ア Activity A   イ Activity B   ウ Activity C   エ Activity D

(2) 【会話】のa, bの( )の中に, それぞれ直前のジョン先生の質問に対するあなたの答えを, aは3語以上の英文で, bは3行以内の英文で書きなさい。

対 話 文 読 解

対話文読解

《解法の要点》

　対話文読解は後出の長文読解よりは，文章の内容がわかりやすい。まず，最初に㈲と設問文に目を通し，難しい語句を理解し，どんな点に注意して読めばよいかを把握しよう。

　次に，本文を読み進めながら解答できるものは答えを書いていこう。前もって設問に目を通しているので，解答はしやすいはずだ。最後まで読んで，解けなかったものはもう一度設問内容をしっかり頭に入れて，その部分にポイントを絞ってもう一度本文を読み進めよう。これでたいていの問題は解答できるだろう。どうしても解けない問題については，時間が余ったら後でもう一度取り組むことにして，次の問題に進もう。難問に時間をとられて，簡単な問題を解く時間までうばわれないように注意しよう。

●語形変化の問題

　過去形，過去分詞，動名詞，比較級などへの語形変化の問題が出題されている。語形変化させる単語の前後に注意して，時制・構文を考えて解くようにしよう。

●空所への語(句)，英文を選択補充する問題

　選択肢を一つずつ当てはめて，適するものを選ぶ。文法的に不適なものや文脈に合わないものを選択肢から除外すると，より正解に近づける。

●語順整序問題

　文の中心になる語(句)をまず押さえよう。主語，(助動詞＋)動詞，疑問詞(句)，連語などを押さえれば，文の構造が見えてくる。

　(例)　come, home, they, time, what, will を並べ替えるとすると，

　　　　主語＝they，助動詞＋動詞＝will come，疑問詞句＝what time，連語＝come home がつかめれば，未来形の疑問文will＋主語＋動詞なので，

　　What time will they come home? という答えを導くのは難しくないはずだ。

　　　　また，前後関係からどんな文になるか推測できることもある。〈例〉の次に～will come home about eight o'clock という応答が続くとすると「何時に帰宅するか」という内容の文になることが推測できる。

●本文の内容について説明する問題

　具体的内容や理由を日本語で説明する問題が必ず出題される。英文の該当部分の前後に解答のヒントがあるので，前後を丁寧に読み直そう。また，解答の根拠となる英文の中にある主語や目的語を，英文中の具体的内容に書き換えなければならない場合があるので，注意しよう。

●内容一致文を選択する問題

　本文と一致する英文を選択する問題が出題されている。事前に設問文と選択肢を確認したうえで本文を読み，該当箇所と照らし合わせて解くようにしよう。

〔1〕 次の英文を読んで，あとの(1)〜(7)の問いに答えなさい。

Saki is a junior high school student. Ms. Bell is an ALT at Saki's school. They are talking at school now.

Ms. Bell : Hi, Saki. I hear your friend from China is staying with you. Are you A⌈ have ⌉ a good time?

Saki : Yes. We enjoy talking about our countries with each other. She is interested in Japan, and she B⌈ questions, me, many, asks ⌉ about Japan. We have a really good time together. But I don't think she enjoyed dinner yesterday.

Ms. Bell : ⌈　C　⌉

Saki : My family had a welcome party for her and my mother cooked a lot of food. We said to her, "Please enjoy your dinner." But she didn't try to eat then.

Ms. Bell : I see. Did she feel sick?

Saki : Well, I don't think so. She was （ D ）. She started eating when my father had something. I don't think she liked the food very much.

Ms. Bell : Oh, that's common in some parts of China. Many Chinese people there think they should not eat anything before their host starts eating.

Saki : Oh, really?

Ms. Bell : I know that because one of my friends told me so. She is from China. I stayed with her family in China.

Saki : When did you go to China?

Ms. Bell : Last year. There are some E⌈ things, see, wonderful, to ⌉ in her city in China. I learned about their manners during my stay in China. If your friend F⌈ eat ⌉ the food, she liked it. I think she enjoyed dinner last night.

Saki : I hope so, but I still don't think she liked it. She left some food when she finished dinner.

Ms. Bell : That's common in some parts of China, too. If people eat all the food, it means that they are still hungry. So G leaving some food isn't bad manners there.

Saki : Really? It's different in Japan.

Ms. Bell : Yes. Each country has different manners. To know about manners in other countries is important.

Saki : Now I understand. We should not see things only in our values.

Ms. Bell : H That's right. When you find something uncommon for Japanese people, you should remember it.

Saki : Sure. I'll do so.

(注)　China　中国　　welcome party　歓迎会　　try to ～　～しようとする　　common　一般的な
part　地方　　Chinese　中国(人)の　　should ～　～すべきである　　anything　何も
host　(客を接待する)主人　　told　tellの過去形　　manners　マナー　　still　まだ
left　leave「残す」の過去形　　finish　～を終える　　values　価値観　　uncommon　一般的でない

(1)　文中のA，Fの□□□□□の中の語を，それぞれ最も適当な形(1語)に直して書きなさい。

(2)　文中のB，Eの□□□□□の中の語を，それぞれ正しい順序に並べ替えて書きなさい。

(3)　文中のCの□□□□□に入る最も適当なものを，次のア～エから一つ選び，その符号を書きなさい。

　ア　When did she come to your house?

　イ　Why do you think so?

　ウ　Did you cook dinner for her?

　エ　What food did she like?

(4)　文中のDの(　　)の中に入る最も適当な語を，次のア～エから一つ選び，その符号を書きなさい。

　ア　fine　　　　　イ　bad　　　　　ウ　hungry　　　　　エ　tired

(5)　下線部分Gについて，ベル先生(Ms. Bell)がそのように言っている理由を，具体的に日本語で書きなさい。ただし，文末を「～から。」の形にすること。

(6)　下線部分Hについて，ベル先生はサキ(Saki)のどのような発言に同意したか。次の文の(　　)に適する日本語を書きなさい。

　私たちは物事を(　　　　　　　　　　　　　　　)べきではない。

(7)　本文の内容に合っているものを，次のア～オから一つ選び，その符号を書きなさい。

　ア　Yesterday, Saki's mother cooked a lot of food, but Saki's Chinese friend didn't eat the food.

　イ　Saki stayed at her friend's house in China last year, and she had a good time there.

　ウ　Most of Chinese people don't try to eat anything before their host starts eating.

　エ　When Ms. Bell stayed with her friend's family in China, she learned about Chinese manners.

　オ　Leaving some food isn't bad manners in Japan, too.

〔2〕 留学生のマイク（Mike）は，同級生のサトシ（Satoshi）とサトシの母のカトウさん（Ms. Kato）と話を
しています。次の会話文を読んで，あとの(1)〜(7)の問いに答えなさい。

Satoshi lives in Niigata. Mike is a student from America and stays with Satoshi's family.
Mike is in Satoshi's class. It's a spring day today. Mike, Satoshi and his mother go to the
park.

Ms. Kato : There are a lot of cherry blossoms!

Satoshi　: When you went to Tokyo three weeks ago, did you see cherry blossoms there,
　　　　　　Mike?

Mike　　: Yes. I saw cherry blossoms 　early　 in Tokyo than in Niigata. Now I can
　　　　　　　　　　　　　　　　A
　　　　　　enjoy them here in Niigata again!

Ms. Kato : Well, this is 　to, good, see, place, a　 the cherry blossoms. Let's eat lunch
　　　　　　　　　　　B
　　　　　　here.

Satoshi　: That's a good idea, Mother. I'm hungry now.

Ms. Kato : Can you open these lunch boxes?

Satoshi　: OK.

Mike　　: They look （　C　）. I first saw a nice bento like this.

Ms. Kato : Oh, Mike, do you know the word, "bento"?

Mike　　: Yes, I do. When I went to France last year, I found that many people were
　　　　　　eating their bento. Some people liked to eat *"karaage-bento."*

Satoshi　: I didn't know that. But why is bento so popular?

Mike　　: Do you know Japanese comic books are very popular around the world?

Satoshi　: Of course.

Mike　　: In some comic books, Japanese people are eating bento. I hear foreign people
　　　　　　became interested in bento when they saw the scenes in the comic books. So
　　　　　　Japanese bento culture is popular now.

Satoshi　: That's interesting! 　　D　

Mike　　: That's right. And bento is popular around the world because it has many good
　　　　　　things. For example, we can save money 　bring, when, from, bento, we
　　　　　　　　　　　　　　　　　　　　　　　　　　　　　E
　　　　　　home for lunch. And I think bento is good for the health.

Satoshi　: Yes, and we Japanese often use our own bento boxes when we make bento.

Mike　　: I know. Now foreign people can also choose and buy their own bento boxes in
　　　　　　a shop or on the Internet. There are many kinds of boxes. You can choose
　　　　　　your favorite color and size. And I did so. I 　buy　 a bento box on the
　　　　　　　　　　　　　　　　　　　　　　　　　　　　F
　　　　　　Internet. It's blue and large. I sometimes used it at home in America.

Ms. Kato : Bento boxes also have some good things. For example, we can reduce garbage.

Mike　　: I know another good thing. If we wash bento boxes, we can use them many
　　　　　　　　　　G
　　　　　　times. I think more foreign people should use bento boxes.

Satoshi　: I hope they will. I learned Japanese culture from you, Mike. Thank you.

Ms. Kato : OK, boys. Let's eat *Hanami* bento.

(注) cherry blossom 桜の花　　box 箱　　first はじめて　　word 言葉　　France フランス
become becomeの過去形　　scene 場面　　culture 文化　　save 節約する　　money お金
health 健康　　choose 選ぶ　　kind 種類　　color 色　　reduce 減らす　　garbage ゴミ
wash 洗う　　should 〜　〜するべきである

(1)　文中のA，Fの　　　　　　の中の語を，それぞれ最も適当な形（1語）に直して書きなさい。

(2)　文中のB，Eの　　　　　　の中の語を，それぞれ正しい順序に並べ替えて書きなさい。

(3)　文中のCの（　　）の中に入る最も適当な語を，次のア〜エから一つ選び，その符号を書きなさい。

　　ア　difficult　　　　　　イ　great　　　　　　　ウ　cold　　　　　　　　エ　bad

(4)　文中のDの　　　　　　に入る最も適当なものを，次のア〜エから一つ選び，その符号を書きなさい。

　　ア　Japanese culture is popular only in America.

　　イ　I also like to eat *karaage-bento*.

　　ウ　Japanese comic books show Japanese culture.

　　エ　Comic books aren't good for us.

(5)　マイクが話した内容に合っているものを，次のア〜オから一つ選び，その符号を書きなさい。

　　ア　Mike saw cherry blossoms only in Niigata this year.

　　イ　Mike didn't know the word "bento" when he first saw Ms. Kato's lunch boxes.

　　ウ　When Mike went to France, he used his own bento box.

　　エ　Mike says foreign people learned about bento by reading Japanese comic books.

　　オ　Mike found the blue and large bento box in a shop in America.

(6)　下線部分Gについて，その内容を具体的に日本語で書きなさい。ただし，文末を「〜こと。」の形にすること。

(7)　本文の内容に合っているものを，次のア〜オから一つ選び，その符号を書きなさい。

　　ア　Satoshi didn't know that Japanese comic books are very popular around the world.

　　イ　Mike thinks that we need a lot of money to make bento.

　　ウ　Many foreign people can't buy their own bento boxes in their countries.

　　エ　Satoshi's favorite color is blue, and he likes his bento box very much.

　　オ　Satoshi hopes that more foreign people will use bento boxes.

〔3〕 次のフミオ（Fumio）とエマ（Emma）の対話文を読んで，あとの(1)〜(7)の問いに答えなさい。

Fumio is a high school student. His friend Emma is from Australia, and she lives near Fumio's house. One Sunday Emma meets Fumio on the street.

Emma : Hi, Fumio. You have a cute dog. What's its name?

Fumio : His name is Sunny. He is four months old.

Emma : Oh, he is still young.

Fumio : Do you have any dogs, Emma?

Emma : No, I don't. But I like dogs. How did you get Sunny?

Fumio : My family [become]_A a puppy walker two months ago. He came to our house then, and we started to live together.

Emma : A puppy walker? I don't know about that. What is it?

Fumio : A puppy walker is a kind of volunteer. The job is to live with a dog. The dog is special because it may become a guide dog in the future.

Emma : Great! Do you often go out with Sunny?

Fumio : Yes. We will go to many different places with him. He must meet many people and have many experiences. A guide dog needs to learn that humans and dogs are friends. Sunny will stay with us for about ten months. During that time, [teach, we, him, that, will]_B .

Emma : I see, but I think communication with a dog is difficult.

Fumio : That's right. Sunny sometimes barks and doesn't listen to me.

Emma : What do you do when he does such things_C?

Fumio : I never get angry at Sunny. I always speak to him with a smile. All my family members do the same. He learns our words every day.

Emma : Oh, that's good. He [your, is, by, loved]_D family. Everyone works together for Sunny, right?

Fumio : Yes. We know [love]_E people is important for becoming a guide dog. So we also need to take care of him with love, but we only have eight months. Sunny will go back to the training center and start special training.

Emma : [F   ]

Fumio : Yes. I don't want to say goodbye to him. But we all hope Sunny will become a (G) guide dog. And we hope he will have love for people in need. I think Sunny will show it to them if we love him.

Emma : I think he will. Well, can I go to your house to see Sunny next Sunday? I want to see him again.

Fumio : Of course.

(注) high school 高校　　puppy walker パピーウォーカー　　volunteer ボランティア
may 〜 〜かもしれない　　guide dog 盲導犬　　go out 外出する　　humans 人間
communication コミュニケーション　　bark （犬などが）ほえる
get angry at 〜 〜に腹を立てる　　smile 微笑　　member メンバー，一員
the same 同じこと　　training center 訓練センター　　in need 困っている

(1)　文中のA，Eの □□□ の中の語を，それぞれ最も適当な形（1語）に直して書きなさい。

(2)　文中のB，Dの □□□ の中の語を，それぞれ正しい順序に並べ替えて書きなさい。

(3)　下線部分Cについて，サニー（Sunny）がする内容を，具体的に日本語で書きなさい。ただし，文末を「〜こと。」の形にすること。

(4)　文中のFの □□□ に入る最も適当なものを，次のア〜エから一つ選び，その符号を書きなさい。

　ア　I want to be a puppy walker, too.

　イ　Will you give special training to him there?

　ウ　I don't think he will be a guide dog.

　エ　You will be sad when he leaves your house.

(5)　フミオが話した内容に合っているものを，次のア〜オから一つ選び，その符号を書きなさい。

　ア　Sunny is just a dog, and he can live with Fumio's family for many years.

　イ　Sunny came to Fumio's house when Sunny was two months old.

　ウ　Fumio never gets angry at Sunny, but the other family members sometimes get angry.

　エ　Fumio wants to work for people in need with Sunny in the future.

　オ　Sunny usually stays at home, and Fumio doesn't go out with him so often.

(6)　文中のGの（　　）の中に入る最も適当な語を，次のア〜エから一つ選び，その符号を書きなさい。

　ア　tired　　　　イ　famous　　　　ウ　nice　　　　エ　hungry

(7)　本文の内容に合っているものを，次のア〜オから一つ選び，その符号を書きなさい。

　ア　Emma didn't like Fumio's dog, so she didn't talk with Fumio about the dog.

　イ　Fumio talked about a puppy walker's job to Emma because she wanted to be a puppy walker.

　ウ　Emma found Fumio must do many things for Sunny, so she wanted to help him.

　エ　Fumio thinks Sunny will show love to people in need if Fumio's family loves him.

　オ　Emma wanted to meet Sunny again next Sunday, but Fumio didn't like that.

〔4〕 次の英文を読んで，あとの(1)～(7)の問いに答えなさい。

Eriko is a junior high school student. Her brother Takumi is a high school student. Fred is a student from America, and stays at their house. They are watching TV now.

Fred　　　：What is this TV program about?

Takumi　：It's about the right to vote. Before the summer last year, Japanese people had the right to vote when they were twenty.

Fred　　　：I didn't know that.

Takumi　：The law was [change] , and now Japanese people have the right when they
　　　　　　　　　　　　A
　　　　　are eighteen. I will be eighteen next year, so I will have it.

Fred　　　：What do you think about it?

Takumi　：Well, to vote will be difficult for me. High school students like me have many
　　B
　　　　　things to do every day like homework and club activities.

Eriko　　：[　　C　　] Takumi is in the baseball club. He practices it hard, and
　　　　　[to, he, go, has, school, to] on weekends.
　　　　　　D

Takumi　：Yes, I don't have time to do anything more. Fred, in America, can you vote when you are eighteen?

Fred　　　：Yes. We can vote when we become eighteen like many countries in the world. I voted for the best candidate before I came to Japan.

Eriko　　：Oh, really?

Fred　　　：We can decide the future of our country when we become eighteen. I think it
　　　E
　　　　　is wonderful.

Takumi　：I see, but to vote is still （　F　） for me. Which candidate is the best? I can't decide it because I don't have much experience. And each candidate talks about some problems. To understand them isn't easy for me.

Fred　　　：I understand your feelings. But if we have the right to vote, there will be many good things for us.

Eriko　　：Really? Tell us about them.

Fred　　　：We will understand our country [well] than before because we will study the
　　　　　　　　　　　　　　　　　　　　　　　G
　　　　　problems of our country before we vote. Also, candidates hope that we will vote for
　　　　　them, so they will [us, listen, lot, a, to] and try to share ideas with us.
　　　　　　　　　　　　　　　H

Eriko　　：It's good for us, young people.

Fred　　　：Candidates want to get new ideas from young people. So they hope young people will be interested in their own countries. I think we young people should do so.

Takumi　：I see. Now I think I should learn other people's ideas from the newspaper.

Eriko　　：I'll watch news programs on TV!

Fred　　　：Great!

（注）right 権利　　vote 投票する　　law 法律　　activities activity（活動）の複数形
candidate 立候補者　　decide 決める　　experience 経験　　problem 問題
feelings 気持ち　　share 共有する　　be interested in ～　～に興味を持つ
should ～　～すべきである　　newspaper 新聞

(1) 文中のA，Gの □□□□ の中の語を，それぞれ最も適当な形（1語）に直して書きなさい。

(2) 下線部分Bについて，タクミ（Takumi）が例としてあげているものを二つ，日本語で書きなさい。

(3) 文中のCの □□□ に入る最も適当な英文を，次のア～エから一つ選び，その符号を書きなさい。

　ア　I don't think so.　　　　　　　イ　That's true.

　ウ　I'm busy, too.　　　　　　　　エ　That's a good idea.

(4) 文中のD，Hの □□□ の中の語を，それぞれ正しい順序に並べ替えて書きなさい。

(5) 下線部分Eについて，その内容を具体的に日本語で書きなさい。ただし，解答の文末は「～こと。」の形にすること。

(6) 文中のFの（　）の中に入る最も適当な語を，次のア～エから一つ選び，その符号を書きなさい。

　ア　bad　　　　　　イ　popular　　　　　ウ　happy　　　　　エ　hard

(7) 本文の内容に合っているものを，次のア～オから一つ選び，その符号を書きなさい。

　ア　Takumi is eighteen years old, so he can vote in Japan now.

　イ　On weekends Takumi practices baseball hard and does many other things.

　ウ　Fred thinks that young people should be interested in their own countries.

　エ　Candidates hope young people will vote for them, but they don't need young people's
　　ideas.

　オ　Eriko doesn't like reading the newspaper, so she will watch news programs on TV.

〔5〕 高校生のトモキ(Tomoki)とアユミ(Ayumi)は，外国人のペリーさん(Mr. Perry)と話をしています。会話文を読んで，あとの(1)～(7)の問いに答えなさい。

Tomoki and Ayumi are high school students. They are in the school broadcasting club. They are having an interview with Mr. Perry. Mr. Perry lives in their city. He is a washi craftsman.

Tomoki : When did you see *washi* for the first time, Mr. Perry?

Mr. Perry : I saw it when I was working at a bookbinding company in my country. It was so beautiful. It was │ make │ in Japan. I wanted to know about it.
     A
Soon I decided to go to Japan to learn the ways to make *washi*. I traveled around Japan │ saw, many, of, and, kinds │ *washi*.
      B

Ayumi : When did you come to this city?

Mr. Perry : Thirty years ago. When I first visited this city, there was only one *washi* craftsman here. Only he could make the *washi* of this city. He taught me the ways to make it.

Tomoki : Then you know the history of *washi*.

Mr. Perry : Of course. The craftsman had great skills, and his *washi* was so beautiful. He │ say │ to me, "People started making this *washi* here about 1,300 years
    C
ago. Many people were making it when I was a child, but now young people don't want to do this work." I thought someone │ D │. So, I decided to do it.

Tomoki : Oh, you decided to live here for the *washi*.

Mr. Perry : Yes, and I'm now working with four young people. We are trying to make useful things for people. For example, we are making lamp shades.

Ayumi : Lamp shades? I thought *washi* was only for calligraphy.

Mr. Perry : Japanese people also use *washi* for lamp shades. You have *chochin*.

Ayumi : Oh, I forgot about that! It's not a new idea.

Mr. Perry : We are making bags, too.

Tomoki : Bags? I think *washi* isn't so strong.

Mr. Perry : Well, the *washi* becomes strong with a special technique, so you can carry
     E
heavy things in the *washi* bag.

Ayumi : That's interesting. I didn't know that we can use *washi* in that way. We will talk about it in our lunch time program.

Mr. Perry : Thank you. I'll be happy if your │ interested, friends, in, are │ *washi*.
          F

Tomoki : In the program, we will also ask everyone about new ways of using *washi*.

Mr. Perry : That's good. If there are good ideas, please tell me.

Tomoki : We will. I think everyone should know that *washi* is not just a (G) thing. *Washi* has a great future.

Ayumi : Thank you very much, Mr. Perry.

Mr. Perry : You're welcome.

（注）　high school　高校　　broadcasting club　放送部　　interview　インタビュー　　*washi*　和紙
　　　　craftsman　職人　　bookbinding company　製本会社　　taught　teachの過去形　　history　歴史
　　　　skill　技能　　someone　だれか　　lamp shade　ランプのかさ　　calligraphy　習字
　　　　forgot　forgetの過去形　　strong　強い　　technique　技術　　carry　運ぶ　　heavy　重い
　　　　program　番組

(1)　文中のA，Cの　□□□□　の中の語を，それぞれ最も適当な形(1語)に直して書きなさい。

(2)　文中のB，Fの　□□□□　の中の語を，それぞれ正しい順序に並べ替えて書きなさい。

(3)　文中のDの　□□□□　に入る最も適当なものを，次のア～エから一つ選び，その符号を書きなさい。

　ア　must find a new way of making the *washi*

　イ　must keep the skill of making the *washi*

　ウ　should go to another city to meet young people

　エ　should take the craftsman to the bookbinding company

(4)　下線部分Eによって，何をどのようにできるか，具体的に日本語で書きなさい。ただし，文末を「～こと。」の形にすること。

(5)　ペリーさんが話した内容に合っているものを，次のア～オから一つ選び，その符号を書きなさい。

　ア　Mr. Perry saw *washi* for the first time when he traveled around Japan.

　イ　Mr. Perry wanted to use the *washi* at the bookbinding company in his country.

　ウ　When Mr. Perry visited the city, only one man could make the *washi* of the city.

　エ　Now Mr. Perry is the only *washi* craftsman in the city.

　オ　Mr. Perry thinks that using *washi* for making lamp shades is a new idea.

(6)　文中のGの(　　)の中に入る最も適当な語を，次のア～エから一つ選び，その符号を書きなさい。

　ア　traditional　　　イ　new　　　　ウ　bad　　　　エ　excited

(7)　本文の内容に合っているものを，次のア～オから一つ選び，その符号を書きなさい。

　ア　Ayumi thought people used *washi* only for lamp shades before she talked with Mr. Perry.

　イ　Mr. Perry gave Ayumi a *washi* bag, so she was very happy.

　ウ　Mr. Perry will join the lunch time program and talk about *washi*.

　エ　Tomoki and Ayumi will tell Mr. Perry if there are any good ideas of using *washi*.

　オ　Ayumi wants to say young people need to know the ways to make *washi* in a new way.

〔6〕 次の英文を読んで，あとの(1)～(7)の問いに答えなさい。

Koji and Sonoko are in the science club of their school. The science club teacher is Mr. Nagano. Ms. Beck is their ALT. Koji and Sonoko go to see the two teachers.

Sonoko　　　:Excuse me, Ms. Beck. Do you have time to talk with us?

Ms. Beck　　:[　A　] I'm free now.

Sonoko　　　:In the last class, you said that you are interested in plants and animals in Japan. So today we have [bring]_B some pictures of them. We took them last week.

Mr. Nagano:The pictures are very interesting, Ms. Beck.

Ms. Beck　　:All right. Can I see yours first, Sonoko?

Sonoko　　　:Sure. I like butterflies and dragonflies, so I took some pictures of them.

Ms. Beck　　: Very interesting!_C I've never seen these kinds of butterflies and dragonflies in my country. How about your pictures, Koji?

Koji　　　　:Please look at these.

Ms. Beck　　:Thank you. Oh, these are also very interesting. I've seen the fish, but not the birds. Do you two often go out to take pictures like these?

Koji　　　　:Well, we are in the science club, and last Friday we went to the fields along the river near our school with other members of the club.

Sonoko　　　:We found a lot of different kinds of plants and animals there.

Mr. Nagano:Ms. Beck teaches English in Japan, but in her country she was a science teacher. So she knows a lot about plants and animals.

Ms. Beck　　:Koji, [heard, you, ever, have]_D about endangered species?

Koji　　　　:No. How about you, Sonoko?

Sonoko　　　:No. I heard these words for the first time.

Mr. Nagano:Some plants and animals are threatened with extinction. We call them endangered species.

Ms. Beck　　:I think a list of them was first made in 1966. Now many _E[city] and groups make similar lists. We call these lists Red Data Books. Does Niigata also make one?

Mr. Nagano:Yes. I have Red Data Book Niigata. Look. This is a *nihon-kawauso*. Here in Niigata, we could see *nihon-kawauso* before, but now we can't. A lot of *nihon-kawauso* were （　F　） by people. Koji and Sonoko, _G[you, would, to, like] see the book?

Sonoko　　　:Yes. (*A few minutes later*)

　　　　　　　Koji, look at this picture in the Red Data Book. This dragonfly is similar to the one in my picture.

Koji　　　　:Oh, they are similar. Sonoko, I have an idea. We'll have the school festival next month. Let's make a display about endangered species around us. Let's show our pictures. We can show Red Data Book Niigata, too.

Ms. Beck　:I'll help you if you make it.

Sonoko　　:Thank you.　I hope many students will be interested in plants and animals around us by seeing the display.

Mr. Nagano:I hope <u>so</u>, too.
　　　　　　　　H

(注) butterfly　チョウ　　dragonfly　トンボ　　go out　外出する　　field　野原　　along ～　～沿いの
endangered species　絶滅危惧種　　be threatened with extinction　絶滅の恐れがある
call ～ ...　～を…と呼ぶ　　list　リスト，一覧表　　similar　似ている，同じような
Red Data Book　レッドデータブック　　*nihon-kawauso*　ニホンカワウソ　　display　展示

(1)　文中のAの　　　　　　に入る最も適当なものを，次のア〜エから一つ選び，その符号を書きなさい。

　ア　No, I don't.　　　　　　　　　　イ　See you later.

　ウ　Here you are.　　　　　　　　　　エ　Yes, of course.

(2)　文中のB，Eの　　　　　　の中の語を，それぞれ最も適当な形(1語)に直して書きなさい。

(3)　下線部分Cについて，ベック先生(Ms. Beck)がそのように言った理由を具体的に日本語で書きなさい。ただし，文末を「～から。」の形にすること。

(4)　文中のD，Gの　　　　　　の中の語を，それぞれ正しい順序に並べ替えて書きなさい。

(5)　文中のFの(　　)の中に入る最も適当な語を，次のア〜エから一つ選び，その符号を書きなさい。

　ア　loved　　　　　　イ　caught　　　　　ウ　found　　　　　　エ　made

(6)　下線部分Hの内容を，具体的に日本語で書きなさい。ただし，文末を「～こと。」の形にすること。

(7)　本文の内容に合っているものを，次のア〜オから一つ選び，その符号を書きなさい。

　ア　When Koji and Sonoko talked with Ms. Beck and Mr. Nagano today, Ms. Beck said she is interested in plants and animals in Japan.

　イ　Koji and Sonoko took a lot of pictures at school last Friday.

　ウ　Ms. Beck knows a lot about plants and animals because she taught science in her country.

　エ　Koji showed the pictures of fish and birds to Ms. Beck, but she didn't know the fish.

　オ　Mr. Nagano doesn't know anything about endangered species, but he has Red Data Book Niigata.

〔7〕 次の英文を読んで，あとの(1)～(7)の問いに答えなさい。

Yuji is a junior high school student. Mr. White is an ALT at his school. They are talking at school now.

Yuji : Mr. White, do you have time now? I have a question.

Mr. White : OK, Yuji. I'm （ A ） now. What is it?

Yuji : Did you read the newspaper in America?

Mr. White : Yes, I did. I usually B|buy| a newspaper at a newsstand or from a vending machine when I went downtown to work.

Yuji : Oh, did you?

Mr. White : Of course, some families get one from newspaper carriers like in Japan, but buying a newspaper outside is more common in America.

Yuji : I didn't know C<u>that</u>. In Japan, we can also buy a newspaper outside, but newspapers are usually delivered every morning. Do you know any other differences about the newspaper?

Mr. White : Yes. In Japan, newspaper carriers put a newspaper into the mail box, but they usually don't do that in America.

Yuji : Then, do they put it in front of the door?

Mr. White : No. They usually throw it to the yard in front of each house.

Yuji : Really? That's D<u>a big difference</u>.

Mr. White : Well, Yuji. I've E|about, told, a, you| few differences, but of course, we have similarities, too. For example, you also have newsboys in Japan.

Yuji : Newsboys? Who are newsboys?

Mr. White : In America, many boys deliver newspapers to get money. Their names are "newsboys."

Yuji : Oh, I understand. My brother is a newsboy.

Mr. White : Oh, is he?

Yuji : Yes. He goes to university in Tokyo and delivers newspaper every morning. He says, " F|Get| up early is a little hard for me, but I like the job." Also, he reads the newspaper every day to get information.

Mr. White : | G | Reading the newspaper gives us a lot of useful information. I think the newspaper improves our lives.

Yuji : I think so, too, Mr. White. The newspaper is important in both Japan and America. I'll try H|the newspaper, more, read, to| often from now.

Mr. White : Great! You'll get useful information for your life.

（注）newspaper 新聞　newsstand （街中の）新聞売り場　vending machine 自動販売機
downtown 街の中心部へ　carrier 配達員　outside 外で　common 一般的な
deliver 配達する　difference 違い　mail box 郵便受け　in front of 〜　〜の前に
throw 投げる　yard 庭　similarity 共通点　money お金　university 大学
information 情報　improve 向上させる　both 〜 and …　〜と…の両方

(1)　文中のAの（　　　）の中に入る最も適当な語を，次のア〜エから一つ選び，その符号を書きなさい。

　　ア　tired　　　　　　イ　free　　　　　　ウ　busy　　　　　　エ　exciting

(2)　文中のB，Fの □□□□ の中の語を，それぞれ最も適当な形（1語）に直して書きなさい。

(3)　下線部分Cについて，その内容を具体的に，日本語で書きなさい。ただし，文末を「〜こと。」の形にすること。

(4)　下線部分Dについて，アメリカで新聞配達員が新聞を届ける場所として最も適当なものを，次のア〜エから一つ選び，その符号を書きなさい。

　　ア　郵便受け　　　イ　家のドアの前　　ウ　家の前の庭　　エ　家の前の道路

(5)　文中のE，Hの □□□□ の中の語（句）を，それぞれ正しい順序に並べ替えて書きなさい。

(6)　文中のGの □□□□ に入る最も適当なものを，次のア〜エから一つ選び，その符号を書きなさい。

　　ア　That's the most important thing about the newspaper.

　　イ　I don't think he has to do that.

　　ウ　There is another easy way to get information.

　　エ　Reading the newspaper every day is hard.

(7)　本文の内容に合っているものを，次のア〜オから一つ選び，その符号を書きなさい。

　　ア　Mr. White read the newspaper only at home when he was in America.

　　イ　Yuji knows that people can't buy newspapers outside in Japan.

　　ウ　Yuji's brother is a newsboy because he reads the newspaper to get information every day.

　　エ　Yuji wants to deliver newspapers to get money to go to university.

　　オ　Mr. White and Yuji think our lives become better through reading the newspaper.

〔8〕 次の英文を読んで，あとの(1)〜(7)の問いに答えなさい。

Kazuo is a high school student. Paul is from England, and he is Kazuo's classmate. One Saturday, they meet at a coffee shop.

Paul ：Hi, Kazuo. What are you doing with your smartphone? Are you playing a game?

Kazuo：Hi, Paul. I'm sending a message with *emojis* to one of my friends. I like to use them because they show my feelings when I send a message. I'll show you some examples. Look.

Paul ：Oh, so many *emojis*! Almost all the messages are with *emojis*. Many young people in Japan are like you, but I'm not.

Kazuo：You aren't like me? ☐ A ☐

Paul ：I want to say I don't use *emojis* very much. Why do you use them so much? I don't understand that. I've ☐ hear ☐ a bad story about them.
B

Kazuo：What was it?

Paul ：When my friend, Miki, was feeling very sad, one of her friends sent a happy face *emoji* because the friend wanted ☐ Miki, make, to, happy ☐. But Miki became
C
angry. Do you know why?

Kazuo：I don't know.

Paul ：Miki thought that the friend became happy because Miki was feeling sad. You use many *emojis* like words, but they are not words. When you receive an *emoji*, can you always understand its meaning?

Kazuo：Well..., sometimes I can't understand.

Paul ：So you should remember that people may not understand the true meanings when you use *emojis*.

Kazuo： I see. But *emojis* are becoming more （ E ） in the world than you think. The
D
word "*emoji*" has already become an English word. As you know, the word "*emoji*" comes from Japanese.

Paul ：The first letter "*e*" means a "picture," and "*moji*" means a "word." Is that right?

Kazuo：Right. Then, do you know this story? A famous dictionary company chose an *emoji* as "the word of the year 2015." It was the "Face with Tears of Joy" *emoji*.

Paul ：Oh, really? I'm ☐ know, to, that, surprised ☐. The company chose a picture, not
F
a word! That's interesting, but why did it choose the *emoji* as "the word of the
G
year 2015"?

Kazuo：The company said that the number of *emoji* users became much ☐ large ☐ in
H
2015 than before. It also said this *emoji* was used the most often of all the *emojis* in the world in the year.

Paul ：I understand many people in the world are using *emojis* now. They have good points, too. I may use them when I send a message to you.

(注) high school 高校　England イングランド(イギリスの一部)　smartphone スマートフォン
emoji 絵文字　feelings 感情，気持ち　letter 文字　company 会社
chose choose「選ぶ」の過去形　Face with Tears of Joy うれし泣きの顔　user 使用者

(1) 文中のAの □□□□ に入る最も適当なものを，次のア～エから一つ選び，その符号を書きなさい。

　　ア　Why do you ask?　　　　　　　イ　How many *emojis* do you know?

　　ウ　Now I understand.　　　　　　エ　What do you mean?

(2) 文中のB，Hの □□□□ の中の語を，それぞれ最も適当な形(1語)に直して書きなさい。

(3) 文中のC，Fの □□□□ の中の語を，それぞれ正しい順序に並べ替えて書きなさい。

(4) 下線部分Dについて，カズオ(Kazuo)はどのようなことがわかったと言っているか。その内容を日本語で具体的に書きなさい。ただし，文末を「～こと。」の形にすること。

(5) 文中のEの(　　)の中に入る最も適当な語を，次のア～エから一つ選び，その符号を書きなさい。

　　ア　beautiful　　　イ　delicious　　　ウ　popular　　　エ　expensive

(6) 下線部分Gに対して，カズオは，有名な辞書の会社が「うれし泣きの顔」の絵文字を「2015年の言葉」として選んだ理由を二つ述べています。二つ目に述べた理由を，具体的に日本語で書きなさい。ただし，文末を「～から。」の形にすること。

(7) 本文の内容に合っているものを，次のア～オから一つ選び，その符号を書きなさい。

　　ア　When Paul talked to Kazuo at the coffee shop, Kazuo was playing a game on the smartphone.

　　イ　When Miki was feeling sad, her friend sent Miki a happy face *emoji*, so Miki became happy.

　　ウ　When Kazuo receives an *emoji*, he can always understand its meaning.

　　エ　Paul says that people in England don't have *emojis* in English.

　　オ　Paul thinks *emojis* also have good points, and he may use *emojis* when he sends a message to Kazuo.

〔9〕 次の英文を読んで，あとの(1)〜(7)の問いに答えなさい。

Koji is a junior high school student in Japan. Ms. Beck is an ALT at Koji's school. Koji goes to the teachers' room after school.

Koji : Hello, Ms. Beck. I enjoyed today's lesson about schools in the U.S.A. very much, so I decided to come here to talk with you more about it.

Ms. Beck : Oh, thank you for coming, Koji. I'll show you <u>something interesting</u>. Look at
A
this. Can you guess?

Koji : Well, I'm not sure. Is it an English dictionary?

Ms. Beck : No, but good try. It's a history textbook.

Koji : It's very thick, and it looks very different. Is it really a textbook?

Ms. Beck : Yes. I used a textbook like this one when I was a junior high school student in the U.S.A. Here, try to （ B ） it.

Koji : Wow! It's so heavy! There are so many pictures in this textbook. My history textbook has about three hundred pages. How many pages does this textbook have?

Ms. Beck : About one thousand pages.

Koji : So many! | C |

Ms. Beck : Most textbooks in the U.S.A. are thick and heavy like this one because there are a lot of pictures and useful information.

Koji : Was history your favorite subject in school?

Ms. Beck : Yes, it was, and I still like it. I bought a lot of history textbooks before I came to Japan. However, <u>it's not common for junior high school students in</u>
D
<u>the U.S.A. to buy textbooks</u>.

Koji : Really? But why?

Ms. Beck : Junior high school students in the U.S.A. borrow textbooks from school.

Koji : Borrow? Does it mean they have to give them back to their school?

Ms. Beck : That's right. Textbooks in the U.S.A. are （ E ） in schools for many years.

Koji : Different students use them, right?

Ms. Beck : Yes. The textbooks are not usually theirs.

Koji : I | heard, have, about, never | that. Can students in the U.S.A. take their
F
textbooks home?

Ms. Beck : If they need their textbooks for homework, they can do that. But the textbooks are heavy to carry. Many students have laptops to study with and they usually have the information in their laptops, so <u>they don't need to worry</u>
G
<u>about carrying heavy textbooks for homework</u>.

Koji : I see. How do they use them at home?

Ms. Beck : After they learn about something new in class, they try to search for more

> information about it on the Internet by themselves.　Then, in the class, they can talk about the information.　After that, they can enjoy talking about their ideas with their classmates.
>
> Koji　　:That's cool!　I want to use a laptop at school every day.　I think that laptops will ┃ interesting, studying, make, more ┃.
>   H
> Ms. Beck:I think so, too.

(注)　lesson　授業　　good try　惜しいですね, がんばりましたね　　thick　厚い　　page　ページ
　　most　たいていの　　common　普通の　　borrow　借りる　　laptop　ノート型パソコン
　　search for ～　～をさがす　　by oneself　独力で

(1)　下線部分Aの内容として最も適当なものを, 次のア～エから一つ選び, その符号を書きなさい。
　ア　a history textbook in Japan　　　　イ　an English dictionary in the U.S.A.
　ウ　a history textbook in the U.S.A.　　エ　many pictures and useful information

(2)　文中のB, Eの(　　　)の中に入る最も適当な語を, 次のア～エからそれぞれ一つずつ選び, その符号を書きなさい。
　B　ア　invite　　　イ　hold　　　　ウ　survive　　　　エ　write
　E　ア　keep　　　　イ　keeps　　　ウ　keeping　　　　エ　kept

(3)　文中のCの ┃　　　┃ の中に入る最も適当なものを, 次のア～エから一つ選び, その符号を書きなさい。
　ア　My history textbook is heavier than yours.
　イ　It's hard to believe that it's a dictionary.
　ウ　Is this textbook for teachers in the U.S.A.?
　エ　Your history textbook has more pages than mine.

(4)　下線部分Dについて, その理由を, 本文のベック先生(Ms. Beck)の発言から, 英文1文で抜き出しなさい。

(5)　文中のF, Hの ┃　　　┃ の中の語を, それぞれ正しい順序に並べ替えて書きなさい。

(6)　下線部分Gについて, その理由を, 具体的に日本語で書きなさい。ただし, 文末を「～から。」の形にすること。

(7)　本文の内容に合っているものを, 次のア～オから一つ選び, その符号を書きなさい。
　ア　Ms. Beck's lesson was so interesting that Koji decided to talk with her in the teachers' room.
　イ　Dictionaries in the U.S.A. are very thick and heavy.
　ウ　Ms. Beck liked history when she was in school, but now she doesn't like it so much.
　エ　Students in the U.S.A. can't use their textbooks at home because the textbooks aren't theirs.
　オ　Students in the U.S.A. try to search for new information with their laptops before class.

〔10〕次の英文を読んで，あとの(1)〜(7)の問いに答えなさい。

Takeru is a high school student, and Haruna is his sister. Fred is from America, and he is in Takeru's class. Fred stays with Takeru's family.

Fred   : Look. This is an e-mail ⬚ write ⬚ by my cousin, Henry. I got it yesterday.
                   A
           It says that he will leave America and come to Japan next month.

Takeru : Oh, really? Can he visit us?

Fred   : Of course. He'll stay in Japan for four days and go to China to work there.
           He will teach English at a university there.

Haruna : When will he come here?

Fred   : At the end of October.

Takeru : I see. It will be a (B) stay, but I hope he will enjoy a few days in Japan.
           Let's think about the plan for him.

Fred   : Thank you. He will ⬚ to, be, have, glad ⬚ a good time with us.
                     C

Haruna : What does he like to do?

Fred   : He is an outdoors person. He said that he wanted to enjoy outdoor activities
           here in Japan.

Takeru : I think he can do such activities. We have beautiful mountains, rivers, and the
           sea.

Fred   : What can we do in the mountains in fall?

Haruna : We can enjoy walking there. At the top, we can see our city and look at
           different colors of leaves. I hope he will like it.

Fred   : Oh, that will be wonderful. I want to do that.

Takeru : I have another good idea. How about fishing in the sea? Does he like fishing?

Fred   : Fishing? Henry sometimes goes to the sea to fish with his friends on weekends,
           but I've never ⬚ try ⬚ it because there isn't any sea near my city in my
                     D
           country.

Takeru : ⬚ E ⬚ Fishing isn't so difficult.

Fred   : Thank you. I want to know how to fish. It'll be exciting.

Haruna : I think your cousin will also enjoy it. But there is a problem. The sea is far
           from our house, so we need two hours to get there by train. <u>We have to think</u>
                                                         F
           <u>another place to fish</u>.

Takeru : We have a river near here. We need only twenty minutes by bus. And there's
           a famous hot spring near the river! We can enjoy it after fishing.

Fred   : That will be nice.

Haruna : ⬚ you, is, think, in, do, he, interested ⬚ Japanese food? My father likes cooking.
         G
           He can cook better than I. He will cook Japanese food for Henry.

Fred   : That will be great! Now we have some different plans for Henry. I'll send him
           an e-mail and tell him about <u>them</u>. When I get an answer from him, I'll tell
                                      H
           you about it.

（注）high school 高校　e-mail 電子メール　cousin いとこ　Henry ヘンリー（男性の名前）
　　　university 大学　outdoors person 野外活動を好む人　outdoor 野外の　activity 活動
　　　top 頂上　leaves leaf「葉」の複数形　fish 釣りをする　far 遠い　hot spring 温泉

(1)　文中のA，Dの □□□□ の中の語を，それぞれ最も適当な形（1語）に直して書きなさい。

(2)　文中のBの（　　）の中に入る最も適当な語を，次のア～エから一つ選び，その符号を書きなさい。

　　ア　free　　　　　　イ　long　　　　　　ウ　short　　　　　　エ　poor

(3)　文中のC，Gの □□□□ の中の語を，それぞれ正しい順序に並べ替えて書きなさい。ただし，文
　　頭は必要に応じて大文字にすること。

(4)　文中のEの □□□□ に入る最も適当なものを，次のア～エから一つ選び，その符号を書きなさい。

　　ア　You should do another thing.

　　イ　Don't think too much.

　　ウ　You are right.

　　エ　No, thank you.

(5)　下線部分Fについて，ハルナ（Haruna）が釣りをする別の場所を考えなければならないと言ってい
　　る理由を，具体的に日本語で書きなさい。ただし，文末を「～から。」の形にすること。

(6)　下線部分Hが指す内容を日本語で書きなさい。

(7)　本文の内容に合っているものとして，最も適当なものを，次のア～オから一つ選び，その符号を
　　書きなさい。

　　ア　Henry will come and stay in Japan after working in China.

　　イ　Takeru knows there is a famous hot spring near the mountain.

　　ウ　Fred thinks Henry will like walking in the mountains, but Fred doesn't want to do that.

　　エ　Takeru thinks Henry can enjoy outdoor activities during his stay in Japan.

　　オ　Haruna can cook better than her father, so she will cook Japanese food for Henry.

〔11〕次の英文を読んで，あとの(1)〜(7)の問いに答えなさい。

Kazuo and Wakana are members of the English club at Midori Junior High School. Eric is from the U.K. He goes to Midori Junior High School. Now they are talking after school.

Wakana : Look at this. It is a [bought, shopping bag, for, my sister] me during her
A
trip to Hokkaido. I often use this.

Kazuo : I don't have my own shopping bag. Eric, do you have any shopping bags?

Eric : Yes, of course. Here is a bag (B) by my mother. I use this as a shopping
bag. It's my favorite shopping bag! In the U.K., people started to buy plastic
bags in 2015 to protect the environment. In many countries in Europe, people
have to buy them, too. So, many people in Europe have their own shopping
bags. When I came to Japan in the winter of 2019, I was surprised.
C

Kazuo : Why?

Eric : I didn't have to buy plastic bags all over Japan at that time.

Kazuo : I see. In Japan, people started to buy plastic bags in July, 2020.

Eric : I found an interesting figure. Look at this. How much plastic packing waste
does one person produce in a year? The figure shows this. A plastic bag is
one example. In this figure, people in (D) produce the most plastic
packing waste. People in Japan and EU produce almost the same amount of
plastic packing waste, but people in (E) produce more.

Wakana : I didn't know Japanese people threw away more than 100kg of plastic packing
waste. Using shopping bags can decrease plastic bags.

Kazuo : I understood Eric and Wakana. Now I have a question. I think plastic bags
F
account for the small amount of plastic packing waste. Is it a good way to
decrease only plastic bags to protect the environment?

Eric : That is a good question. Decreasing plastic bags may be a small step but a
(G) step to save the earth. I think we should do that.

Wakana : When I went shopping at a store with my mother last month, many people
said, "I don't need [H]. I have my own shopping bag." People learned to
take their own shopping bags with them when they went shopping. I think
many people in Japan are changing their way of life.

Kazuo : Maybe I must do that.... What can I do?

Wakana : I'll decrease other plastic things such as plastic bottles as the next step.

Eric : As my next step, I'll think [choose, which, to, stores]. We should think about
I
the environment and be kind to the earth.

Kazuo : I think so, too. Now I'm going to use my own shopping bag, too. It will be
my first step to save the earth.

【図】

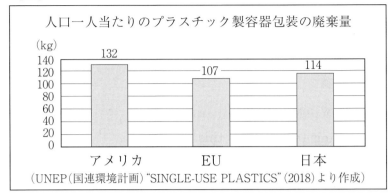

人口一人当たりのプラスチック製容器包装の廃棄量

（UNEP（国連環境計画）"SINGLE-USE PLASTICS"（2018）より作成）

(注)　plastic bag　ビニール袋　　figure　図
plastic packing waste　プラスチック製容器包装の廃棄物　　produce　生み出す　　EU　欧州連合
amount　量　　throw away　捨てる　　decrease　減らす　　account for 〜　〜を占める
step　一歩　　learn to 〜　〜するようになる

(1)　文中のA，Iの　　　　　　　の中の語(句)を，それぞれ正しい順序に並べ替えて書きなさい。

(2)　文中のB，Gの（　　　）の中に入る最も適当な語を，次のア〜エからそれぞれ一つずつ選び，その
符号を書きなさい。

B　ア　make　　　　　　イ　makes　　　　　ウ　making　　　　　エ　made
G　ア　great　　　　　　イ　late　　　　　　ウ　traditional　　　エ　dead

(3)　下線部分Cについて，エリック（Eric）がそのように感じた理由を，本文中から探して，英文1文で
抜き出しなさい。

(4)　【図】の内容に合うように，文中のD，Eの（　　　）の中に入るものの組合わせとして，最も適当な
ものを，次のア〜エから一つ選び，その符号を書きなさい。

ア　D　Japan　　　　E　EU　　　　　　　　　イ　D　Japan　　　　E　America
ウ　D　America　　　E　Japan　　　　　　　エ　D　America　　　E　EU

(5)　下線部分Fについて，その内容を，具体的に日本語で書きなさい。ただし，文末を「〜という質問。」
の形にすること。

(6)　文中のHの　　　　　　　の中に入る最も適当な語句を，本文中から探して，3語の英語で書きなさい。

(7)　本文の内容に合っているものを，次のア〜エから一つ選び，その符号を書きなさい。

ア　Wakana gave her shopping bag to Kazuo because he didn't have one.
イ　People in the U.K. and people in Japan started to buy plastic bags in the same year.
ウ　Eric doesn't think people should be careful about the environment.
エ　Finally, Kazuo decided to use his own shopping bag to save the earth.

〔12〕 次の英文を読んで, あとの(1)～(7)の問いに答えなさい。

Naoki is a junior high school student in Niigata. He is talking with Jim on the Internet. Jim stayed in Niigata last year and now he lives in Sydney. Sydney is one of the big cities in Australia.

Naoki : Hi, Jim. Can you see me? How are you?

Jim : I'm fine, thank you. It is exciting to talk like this.

Naoki : Me, too. I can see your face well on my computer. Well, I have one important A│ tell, you, to, thing │. I'm going to visit Sydney in August.

Jim : Oh, really? Will you do a homestay?

Naoki : No. I will stay at a hotel in Sydney with my family.

Jim : Wow, that's great. │ B │

Naoki : For five days.

Jim : Then I'll take your family to the famous places which are C│ visit │ by many people. Also, please come to our house and have dinner with us.

Naoki : Thank you. I think my family will be happy.

Jim : Don't (D) to bring winter clothes then. August is a winter month in Australia.

Naoki : OK, I will. Then, it is summer now in Sydney. How has your summer been?

Jim : We have had no school since December. I am enjoying my summer vacation. I practice soccer from Monday to Friday and go swimming in the sea on Saturdays.

Naoki : That's good. How is the weather?

Jim : It's sunny but it's not too hot. It's easy to live in Sydney in summer. It is winter now in Niigata, right?

Naoki : Yes. It has been cold and we have had a lot of snow for three days. But I hear the snow will stop tomorrow and it will be warmer than today.

Jim : When I stayed in Niigata last winter, I saw a lot of snow.

Naoki : It was very cold when you were here and we had much snow then.

Jim : It was the E│ cold │ winter in my life, but I had a good time. Do you remember that we had a snowball fight on my last day in Niigata?

Naoki : You made big snowballs and threw them at me. You said I looked like a snowman.

Jim : I am sorry. I saw so much snow and I was really excited. After that we made a big snowman. Look at this F│ father, picture, took, your │. Can you see the snowman, you and me, and your sister, Michiko?

Naoki : Oh, yes. That is a very big snowman. It is as tall as you.

Jim : But G<u>Michiko looks sad in the picture</u>. Why? Did I throw snowballs at her?

Naoki : No. She didn't want you to leave Niigata. Well, it's already ten at night. I have to
　　　　say good bye.

Jim 　 : I enjoyed talking with you. Good bye.

Naoki : See you again.

(注) homestay ホームステイ　　clothes 衣服　　snowball fight 雪合戦　　snowball 雪の玉
　　threw　throw「投げる」の過去形　　snowman 雪だるま

(1)　文中のA，Fの　　　　　　　の中の語を，それぞれ正しい順序に並べ替えて書きなさい。

(2)　文中のBの　　　　　　に入る最も適当なものを，次のア～エから一つ選び，その符号を書きなさい。

　　ア　Why will you stay?　　　　　　　　　イ　When will you stay?

　　ウ　Where will you stay?　　　　　　　　エ　How long will you stay?

(3)　文中のC，Eの　　　　　　の中の語を，それぞれ最も適当な形（1語）に直して書きなさい。

(4)　文中のDの（　）の中に入る最も適当な語を，次のア～オから一つ選び，その符号を書きなさい。

　　ア　forget　　　　イ　become　　　　ウ　need　　　　エ　listen　　　　オ　go

(5)　ジム（Jim）が話した内容に合っているものを，次のア～オから一つ選び，その符号を書きなさい。

　　ア　Jim's summer vacation has started in August.

　　イ　Jim doesn't practice soccer on Wednesday.

　　ウ　Jim goes swimming in the sea when it is sunny on Sunday.

　　エ　It's hard for Jim to live in Sydney in summer because it's too hot.

　　オ　Jim saw a lot of snow in winter during his stay in Niigata.

(6)　下線部分Gについて，その理由を具体的に日本語で書きなさい。ただし，文末を「～から。」の形にすること。

(7)　本文の内容に合っているものを，次のア～オから一つ選び，その符号を書きなさい。

　　ア　Naoki found a nice picture of his father's face on the Internet.

　　イ　Naoki thinks his family will be happy when they have dinner with Jim's family.

　　ウ　Naoki says it has been warm for three days but it will be cold tomorrow.

　　エ　Jim and Naoki started a snowball fight after they made a snowman.

　　オ　Jim and Naoki made a snowman which was taller than Jim.

〔13〕 中学生のセイジ（Seiji），ナナ（Nana）とALTのカーン先生（Mr. Khan）の次の会話を読んで，あとの (1)～(7)の問いに答えなさい。

Seiji and Nana are junior high school students in Niigata. Mr. Khan, their school's ALT, talks to them after school.

Mr. Khan：Hi, Seiji and Nana. What are you talking about?

Nana　　：We are talking about Tomioka Silk Mill. It became a World Heritage Site in 2014. It is ┃ places, of, popular, most, one, the ┃ in Gunma Prefecture.
　　　　　　A

Seiji　　：My grandmother lives in Gunma. My family went to her house last summer. During the stay, we visited Tomioka Silk Mill for the first time. It was wonderful.

Mr. Khan：Oh, really? I went there last summer, too. It became a World Heritage Site because it has an important history. ┃　　B　　┃

Nana　　：No. But some places in Niigata Prefecture have important histories. For example, Sado Gold and Silver Mine. Many people are working hard together. They want to have a World Heritage Site in Niigata Prefecture.

Seiji　　：<u>Becoming a World Heritage Site is very important.</u>
　　　　　　C

Nana　　：Why do you think so?

Seiji　　：If a place becomes a World Heritage Site, it will be famous and many people will visit it.

Mr. Khan：That's right.

Nana　　：Are there any World Heritage Sites in America?

Mr. Khan：Yes. The Grand Canyon is very famous. ┃ three, been, times, I, there, have ┃.
　　　　　　　　　　　　　　　　　　　　　　　　　　　　　D
It has natural beauty. Places with natural beauty also become World Heritage Sites.

Seiji　　：That's interesting. There are （　E　） kinds of World Heritage Sites. Some places have natural beauty, and other places have important histories. Protecting these places is really important for people in the future.

Nana　　：Yes, but there is <u>another important thing</u>. We have to protect natural
　　　　　　　　　　　　　　　F
beauty and things with a long history in our city.

Seiji　　：I agree.

Nana　　：There is a small old shrine in our city. It is not a World Heritage Site, but it has a long history, and many people visit it.

Seiji　　：My mother told me about the shrine. It was ┃ build ┃ eight hundred years
　　　　　　　　　　　　　　　　　　　　　　　　　　　G
ago. It has been an important place to people near it since then. Now people in this city visit it and clean it every month.

Mr. Khan：Oh, I didn't know that. Even a small shrine is important to people ┃ live ┃
　　　　　　　　　　　　　　　　　　　　　　　　　　　　　　　　　　　　H
near it. I want to visit the shrine some day.

Nana　　：We can take you there. Let's go together.

Mr. Khan：That's a good idea. Thank you.

(注) Tomioka Silk Mill　富岡製糸場　　World Heritage Site　世界遺産　　prefecture　県
history　歴史　　Sado Gold and Silver Mine　佐渡金銀山
the Grand Canyon　グランドキャニオン　　natural beauty　自然の美しさ　　protect　保護する

(1)　文中のA，Dの 　　　　　 の中の語を，それぞれ正しい順序に並べ替えて書きなさい。

(2)　文中のBの 　　　　　 に入る最も適当なものを，次のア～エから一つ選び，その符号を書きなさい。

　ア　Are you interested in history?

　イ　Do you know any World Heritage Sites in Japan?

　ウ　Is there a World Heritage Site in Niigata Prefecture?

　エ　Did you go to Gunma, too?

(3)　下線部分Cについて，セイジがこのように考える理由を，具体的に日本語で書きなさい。
文末を「～から。」の形にすること。

(4)　文中のEの(　　)の中に入る最も適当な語を，次のア～エから一つ選び，その符号を書きなさい。

　ア　different　　　　イ　small　　　　ウ　easy　　　　エ　same

(5)　下線部分Fについて，その内容を具体的に日本語で書きなさい。ただし，文末を「～こと。」の形に
すること。

(6)　文中のG，Hの 　　　　　 の中の語を，それぞれ最も適当な形(1語)に直して書きなさい。

(7)　本文の内容に合っているものを，次のア～オから一つ選び，その符号を書きなさい。

　ア　Seiji and Nana were talking about World Heritage Sites in foreign countries when
Mr. Khan came to them.

　イ　The Grand Canyon is a World Heritage Site that has natural beauty.

　ウ　Mr. Khan says only a place with an important history can become a World Heritage Site.

　エ　Seiji doesn't think that we have to protect places that aren't World Heritage Sites.

　オ　Mr. Khan is going to visit Tomioka Silk Mill with Seiji and Nana.

〔14〕次の英文を読んで，あとの(1)～(6)の問いに答えなさい。

Sayuri, Naoto, and Fumie are first-year high school students in Niigata. Bob is a high school student from America. They are talking in their classroom after lunch.

Sayuri：Hi, Naoto and Bob, what are you doing?

Naoto：Hi, Sayuri and Fumie. We are talking about how to express the numbers of some things in Japanese.

Bob　：Sometimes I don't know what word to add after a number. For example, "*mai*" for pages of paper and "*satsu*" for books.

Sayuri：In English, I often forget to add words before some things. "A piece of cake" is one example.

Fumie：I do, too. There are many differences between English and Japanese. It's confusing.

Sayuri：Yes. Bob, are there any other difficult things for you about Japanese?

Bob　：Yes. Last night, my host mother said, "... *Tanaka Sensei ga mieru* ..." I thought she could （　A　） Mr. Tanaka, our homeroom teacher, there. So I looked around, but he wasn't there. That was confusing.

Naoto：She wanted to say that he would come.

Bob　：That's right. Well, what do you say when you thank someone for their help?

Fumie：I say, "Thank you for your help."

Bob　：Yes. We also say "I'm grateful for your help," especially in a more formal situation.

Sayuri：Oh, I remember <u>another expression like that</u>.
　　　　　　　　　　　　　　B

Fumie：Tell us about it.

Sayuri：Sure. When I was a junior high school student, I went to the teachers' room to ask our ALT about a report. When I came into the room, he said to me, "Please have a seat." I didn't ┃ what, know, meant, he ┃.
　　　　　　　　　　　　　　　　　　　　　　　　　　　C

Bob　：It means "Please sit down." It's also used in formal situations.

Fumie：That's interesting. I think we should learn more about formal expressions both in English and in Japanese.

Sayuri：Should I use them with Bob?

Naoto：Well, I don't think so. When I talk with Bob in Japanese, I choose simple expressions because I ┃ me, want, to, him, understand ┃. He is my close friend.
　　　　　　　　　　　　　　　　　　　　　　　　　D

Fumie：I see. We should think about the best expressions to use in different situations.

Bob　：And the speed of speaking, too. Sayuri and Fumie, you do that for me. And you also use simple expressions. ┃　　E　　┃ I enjoy talking with you in Japanese.

Naoto : I have also realized one thing in teaching Japanese to Bob. <u>Japanese is</u>
F
<u>interesting.</u>

Sayuri : Why do you think so?

Naoto : Because it has many different ways to express the same thing. For example,
when we say "I" in Japanese, we can say "*watashi*" or "*watakushi*," or "*boku*."

Fumie : Also, sometimes we don't need to use a word (G) "I."

Naoto : That's right.

Bob : I want to learn more Japanese expressions. Will you help me?

Fumie : Of course. And will you teach us more English?

Sayuri and Naoto : Yes, please.

Bob : I'll be happy to do that.

㊟ page ページ　confusing 混乱させる　host ホームステイ先の
homeroom teacher 担任の先生　grateful 感謝して　formal 改まった　situation 状況
expression 表現　seat 席　speed 速さ

(1) 文中のA, Gの(　　　　)の中に入る最も適当な語を, 次のア～エからそれぞれ一つずつ選び, その
符号を書きなさい。

A　ア　visit　　　　イ　see　　　　ウ　call　　　　エ　remember

G　ア　express　　　イ　expresses　　ウ　expressing　　エ　expressed

(2) 下線部分Bについて, その具体的な表現を本文から探して, 4語の英文1文で抜き出しなさい。

(3) 文中のC, Dの □□□□ の中の語を, それぞれ正しい順序に並べ替えて書きなさい。

(4) 文中のEの □□□□ の中に入る最も適当なものを, 次のア～エから一つ選び, その符号を書きな
さい。

ア　I think you don't have to do that.　　イ　I can't hear you well.

ウ　Please speak Japanese faster.　　　　エ　I feel that is very kind.

(5) 下線部分Fについて, ナオト(Naoto)がそのように言っている理由を, 具体的に日本語で書きなさ
い。ただし, 文末を「～から。」の形にすること。

(6) 本文の内容に合っているものを, 次のア～オから一つ選び, その符号を書きなさい。

ア　First, Bob and his friends talked about how to thank someone for their help.

イ　Fumie often forgets to add words before some things in English.

ウ　Naoto thinks Sayuri should use formal expressions with Bob.

エ　When Sayuri and Fumie talk with Bob in Japanese, they use difficult expressions.

オ　Bob will be happy to learn English from Fumie, Sayuri and Naoto.

〔15〕 次の会話を読んで，あとの(1)〜(7)の問いに答えなさい。

Naoto went to England to study English at a junior high school there. He is going to go back to Japan soon. Ms. Field is his teacher there.

Ms. Field : Did you enjoy school life here?

Naoto 　　 : Yes, Ms. Field! Staying for three weeks was (　A　), so I want to stay more. But I learned many things here.

Ms. Field : That's good. Your English is better now. What is your best memory?

Naoto 　　 : The field trip is. We saw a football game and went shopping to the department store. It was a big B| many, which, sells, building | things. But I got lost there.

Ms. Field : I told you to meet at the bookstore on the first floor, but you weren't there.

Naoto 　　 : I didn't know where the first floor was at that time. I looked for the bookstore for a long time, but I couldn't find it. When C| know, do, to, didn't, I, what |, a kind girl came up to me and D| take | me to the bookstore.

Ms. Field : We were worried about you. And finally, you came to us with the girl I didn't know.

Naoto 　　 : Yes. When I was going to the bookstore with her, we talked together. She told me that the first floor in American English meant the (　E　) floor here in England. I was surprised. Since then, I've been interested in the differences between your English and American English.

Ms. Field : I see. Then, you know other (　F　).

Naoto 　　 : Yes. Please look at this notebook. I always keep it to write the words I learned.

	イギリス英語	アメリカ英語
サッカー	football	soccer
秋	autumn	fall
1階	the ground floor	the first floor
2階	the first floor	the second floor
エレベーター	lift	elevator

Ms. Field : Great! I think it's a nice idea.

Naoto 　　 : Thank you. When I came here, I couldn't understand other people because they sometimes spoke English too fast for me. So I often said, " 　G　 " Then they said their English slowly again or spoke in easy English.

Ms. Field : So you could understand them.

Naoto : Yes, mostly. I didn't know many English words, but I tried to speak a lot. When they understood my English, I felt [speak] English was a lot of fun. It's important to have communication with people using another language.
H

Ms. Field : Wonderful! During your stay here, you learned it.

Naoto : <u>Yes, I did.</u> I want to come back here some day.
I

Ms. Field : You are always welcome.

(注) England イギリス　　memory 思い出　　field trip 校外学習　　department store デパート

get lost 迷う　　floor 階　　come up to~ ～に近づく　　finally ついに　　meant meanの過去形

difference 違い　　spoke speakの過去形　　mostly たいてい　　understood understandの過去形

felt feelの過去形

(1) 文中のA，Fの（　　　　）の中に入る最も適当な語を，次のア～エからそれぞれ一つずつ選び，その符号を書きなさい。

A　ア　hot　　　　　　イ　short　　　　　ウ　long　　　　　エ　strong

F　ア　stores　　　　イ　problems　　　ウ　floors　　　　エ　examples

(2) 文中のB，Cの [　　　　] の中の語を，それぞれ正しい順序に並べ替えて書きなさい。ただし，文頭は必要に応じて大文字にすること。

(3) 文中のD，Hの [　　　　] の中の語を，それぞれ最も適当な形に直して書きなさい。

(4) 文中のEの（　　　　）の中に入る最も適当な1語を，本文と表の内容に沿って，英語で書きなさい。

(5) 文中のGの [　　　　] に入る最も適当なものを，次のア～エから一つ選び，その符号を書きなさい。

　　ア　Could you speak English fast?　　　　イ　Please don't talk to me.

　　ウ　Please speak more slowly.　　　　　　エ　You speak English very well.

(6) 下線部分Iについて，ナオトはどのようなことを学んだのか，具体的に日本語で書きなさい。ただし，文末を「～こと。」の形にすること。

(7) 本文の内容に合っているものを，次のア～エから一つ選び，その符号を書きなさい。

　　ア　Naoto was happy when other people understood what he said.

　　イ　Naoto met a girl at the department store, but he didn't understand her English.

　　ウ　Ms. Field didn't wait for Naoto at the bookstore because Ms. Field didn't have time.

　　エ　Naoto knew a lot of words, so it was not difficult for him to speak English.

長文読解

長文読解

《解法の要点》

本格的な読解問題であるため，最初の設問文に必ず目を通しておくことが解答への近道となる。普段から読解問題に取り組むときは，まず設問文に目を通して，それから㊟で単語などを確認してから本文を読む習慣をつけておこう。

基本的には「対話文読解」と同じ方法でよいが，対話文と違って文章が長く，話の展開が複雑でつかみにくいこともあるので，より慎重に読み進めよう。段落ごとに簡単なメモをしておくとよいだろう。

●空欄補充問題

本文中に適切な英文や語句を挿入する問題である。話の内容や展開を理解しながら本文を読み進める必要がある。

●指示語問題

指示語の問題では，代名詞などが何を指しているのかを前後の部分から探すことになる。その場合，they のように複数形なら，複数の名詞であることを念頭において探すことになる。that，it のような場合は単数の名詞を指す場合と，前後の文や内容を指す場合とがあるので注意しよう。

●内容・理由説明の問題

具体的内容や理由を日本語で解答する。まず，事前に設問文を確認してから本文を読み，該当箇所と照らし合わせながら解答しよう。

解答するときは，解答の根拠となる英文の中にある主語や目的語を，英文中の具体的内容に書き換えなければならない場合があるので注意しよう。

●本文についての英問英答

本文から該当部分を見つけて解答する。設問文を事前に確認する必要がある。本文を読み進めるとき，簡単に内容のメモをしておくと該当箇所を探しやすいだろう。新潟県公立高校入試の模範解答は，必ず主語と動詞がある英文となっているので，解答を作る際は必ず主語と動詞を用いること。

Yes / No 疑問文の解答も，Yes. / No. のみで答えるのでなく，「Yes，主語（疑問文で用いられた主語の代名詞）＋動詞」で答えよう。ただし，There is 構文の疑問文など，例外もあるので注意しよう。

●内容一致文を選択する問題

本文と一致する英文を選択する問題が出題されている。事前に設問文と選択肢を確認したうえで本文を読み，該当箇所と照らし合わせて解くようにしよう。

●自由英作文

　新潟県の自由英作文は，単純に日本語を英語に置き換える形式ではなく，長文の内容に沿って英文を書くことや，自分の考え・理由を英語で表現することに主眼が置かれた問題になっている。過去の出題内容をまとめると次のようになる。

《令和３年度》

　・うれしいと感じたこととその理由について自分の考えを自由に記述する。

《令和４年度》

　・クラスメイトとの問題をかかえた生徒への返事の手紙を作成する。

《令和５年度》

　・アドバイスしてくれたアメリカ人の友人への返信メールを作成する。

　表やメールなどの資料が提示される場合と，提示されない場合がある。いずれにしても，何かをヒントに，あるいは条件にして，簡潔に英語で表現することが要求されている。以下を参考に，減点の少ない解答作りを心がけよう。

〈平易な英文を心がける〉

　自由英作文を書く際に気をつける点は，自信のある表現を使うということである。自信のないときは，無理をして関係代名詞や分詞などの高度な文法事項を使おうとせず，基本的な文法事項を使って表現しよう。無理をしてミスをおかし，減点されることがないようにしてほしい。また，思っていることがうまく表現できないときは，多少内容が異なっても，表現できるものに変えてもかまわない。どうしても表現できないときは，不本意でも表現しやすい内容に変え，正しい英文を書くことを最優先しよう。

　（例１）「私にはカナダに住んでいるおじがいます」

　　①　I have an uncle who lives in Canada.

　　②　I have an uncle in Canada.

　　　日本語をそのまま英語にすれば，①のような英文になるが，「私はカナダにおじがいます」と考えれば，②のような平易な英文になる。

　（例２）「彼は日本で最も有名な歌手のひとりです」

　　①　He is one of the most famous singers in Japan.

　　②　He is a very famous singer in Japan.

　　　①のような英文が書ければ問題ないが，自信がないときは「彼は日本でとても有名な歌手です」としても，おおむね同じ内容になる。

〈解答の分量〉

　解答欄が２行以上の場合は，１行が単語10語程度になるように書く練習をしておこう。また，３～４行程度の解答欄で分量が足りない場合は，理由などを付け加えて，適切な分量にする練習もしておこう。

〈具体的な学習方法〉

　ある程度のまとまった分量の英語を書くには，授業で暗唱した英文などをもとにして，書きまとめる練習が効果的である。最も身近にある「教科書」を使った次の学習方法を参考にしてほしい。このような学習の積み重ねは，英語の総合力を高める効果的な学習方法でもある。

〈教科書の英文活用〉

①　英文を覚える（暗記）

　　単語や文法を使う基礎となる。教科書の中にある「メール」「手紙」「インタビュー」「スピーチ」「レポート」「日本の文化」等の内容は，自由英作文に利用できる。基本的な英文は暗記しよう。

②　英文を探す，書く，見直す

　　英文を探してノートに書き，見直してみよう。英文の暗記を促し，英語学習の意識化を助けることができる。教科書の英文の中に，自由英作文に使えるものがあるかどうかを意識して学習しよう。使えそうな英文はノートに書いて見直そう。

③　自分自身に合った英文にする

　　単語や文法を工夫して使うことにより，学習が定着し使える英語になる。覚えた英文や探した英文を使って，自分自身に合った内容の英文を作ってみよう。単語・文法などを追加変更して英文をつくる練習は，自由英作文だけではなく，英語の総合力を高めるためにも有効である。

〔1〕　次の文は，高校１年生のアキオ（Akio）が英語の宿題で書いたスピーチの原稿です。これを読んで，あとの(1)～(7)の問いに答えなさい。

　　　　Some students are in a sport club. They have to study and practice sports. When I started high school life, I thought doing both was difficult. I love soccer and practice it
　　　　　　　　　　　　　　　　　　　　　　　　A
hard almost every day. I want to play soccer in other countries in the future. It's my dream. I also want to study English hard for my dream. But when I went home, I often went to bed early without studying because I practiced soccer very hard. ▢a▢

　　　　One day, I met a student from Singapore. His name was Tony. He came to Japan through an exchange program with other students. They stayed for only a day at my school. Tony came to my English class. He also liked playing soccer, so we talked about it in English. ▢b▢ I said, "You also practice soccer hard. Is studying hard difficult, too?" Tony said, "Yes, it is. But I try to concentrate in class and ask the teachers when I have questions." Talking with him in English was fun. At the end of the class, Tony said, "I think we can be good friends. Let's send e-mails to each other in English." ▢c▢ I said, "OK."

　　　　I had to write an e-mail to Tony in English, so I started to study English harder. I first concentrated more in my English class. I found time to study on the weekend. But from Monday to Friday, I often went to bed early because I practiced soccer very hard. This was a problem. One evening, I talked about this with my father. He said, "You
　　　　　　　　B
have to use your time effectively. I also have to study English because I need it for my work. I often come home late, so （　C　）. I get up early instead and study English at home before I go to work." I said, "Is getting up early difficult for you?" ▢d▢ He answered, "No. Akio, you practice soccer every day because you want to be a better soccer player. And you want to improve your English, right? You must study English every day, too. I often see high school students on the early morning train. Some of them are studying." From the next day, I tried to get up early like my father.

　　　　Now I study English on the train every morning. This is the most important thing to improve my English. I left home at seven thirty before. Now I leave home at seven and get on the 7:20 train. My father gets on the train, too. I often see high school students, and some of them are studying for class. My father's words were true. I also
　　　　　　　　　　　　　　　　　　　　　　　　　　　　　　　　　D
started reading my textbooks on the train.

　　　　Last night I read an e-mail from Tony. ▢e▢ In his e-mail, he said that he studies Japanese hard. I sent an e-mail back. In my e-mail, I said, "I make time to study English on train before I go to school. For my dream, I'll try hard."

注)　high school life　高校生活　　thought　think の過去形　　both　両方とも，両方
　　　without　～なしで　　met　meet の過去形　　Singapore　シンガポール
　　　through an exchange program　交流プログラムを通して　　concentrate　集中する
　　　e-mail　電子メール　　found　find の過去形　　problem　問題　　effectively　有効に

instead　その代わりに　　improve　上達させる　　left　leave の過去形　　get on ～　～に乗る
true　本当の　　textbook　教科書　　sent　send の過去形

(1)　下線部分Aについて，その内容を具体的に日本語で書きなさい。

(2)　次の英文は，文中のa ～ eの [　　　　] のどこに入れるのが最も適当か。当てはまる符号を書きなさい。

　　I thought it was a good idea.

(3)　下線部分Bについて，その内容を具体的に日本語で書きなさい。ただし，解答は「アキオは」という語句に続け，文末を「～こと。」の形にすること。

(4)　文中のCの（　　）の中に入る最も適当な英文を，次のア～エから一つ選び，その符号を書きなさい。
　　ア　I don't have to study English
　　イ　I don't like English very much
　　ウ　I have a lot of time to study at home
　　エ　studying at night is difficult for me

(5)　下線部分Dについて，アキオがそのように思った理由として最も適当なものを，次のア～エから一つ選び，その符号を書きなさい。
　　ア　朝早く起きることはそんなに大変ではないとわかったから。
　　イ　朝早くの電車の中で，勉強している高校生をたびたび見かけるから。
　　ウ　電車の中で，アキオはほかの高校生と同様に勉強し始めたから。
　　エ　父親が乗る電車と同じ電車にいっしょに乗ることになったから。

(6)　次の①～③の問いに対する答えを，それぞれ主語を含む3語以上の英文で書きなさい。
　　①　What is Akio's dream?
　　②　Did Akio enjoy talking with Tony?
　　③　How does Akio go to school?

(7)　本文の内容に合っているものを，次のア～オから一つ選び，その符号を書きなさい。
　　ア　At first, Akio practiced soccer early in the morning and studied after school.
　　イ　Tony can concentrate in class because he doesn't practice soccer so hard.
　　ウ　Akio leaves home earlier than before and studies on the train.
　　エ　Akio's father thought Akio must stop playing soccer and study English hard.
　　オ　Tony sometimes writes an e-mail in Japanese and sends it to Akio.

〔2〕 次の英文は，高校生のカオリ（Kaori）が，英語の授業で行ったスピーチの原稿です。これを読んで，あとの(1)～(6)の問いに答えなさい。

I like English because I can talk with people from many countries in English. How about you? Today I want to talk about my experience with a foreign student.

One day in December last year, my teacher said in the classroom, "Students from our sister school are going to come to our school for one week in March. [a] They are interested in Japanese culture. They want to stay with your families. Does anyone want to be their host family?"

I wanted to be their host family at that time. At home, I talked about it with my parents for some time. [b] They said, "If you are really interested, we can be a host family." I was very glad and said, "Thank you." I thought, "I'll study English a lot."

Before winter vacation, I talked with my friend, Honoka. Her family was a host family when she was a junior high school student, so I wanted to hear about her experience with a foreign student. I asked, "How did you spend the weekend with your foreign student?" Honoka answered, "We visited Sado Island. I hoped that she would enjoy Niigata." I thought it was a good idea.
                                              A

One Friday in March, some foreign students came to our school. One of them was Alice. I took her home. At home I asked, "Where do you want to go this weekend, Alice?" [c] She answered, "I want to visit interesting places in Niigata." I decided to visit Sado Island.

On Sunday, Alice and I got up early. We took a ship to Sado Island. [d] When we were having lunch, Alice asked many questions about Sado. Some questions were about its history. I said, "Sorry, Alice, I want to answer your questions. But they are very difficult." A man was having lunch near us. He said to us, "Hello. I'll help you." He talked about the history of Sado in English. Alice looked happy. The man's name was Mr. Sato. He was a guide for foreign tourists. I thought, "I live in Niigata, but I can't answer Alice's questions about it. (B)"

Alice stayed for another four days. She asked many questions about the history and culture of Niigata. I read a book about Niigata and answered them.

When Alice finished the homestay, she said, "Thank you, Kaori. Niigata is really interesting! I had a good time with you. I'll write to you when I get back to my country." [e] We have written to each other for five months.

I think there are three important things when I welcome foreign visitors to Niigata.
             C
The first thing is to welcome them with warm hospitality. The second thing is to study English hard. The third thing is to know about the history and culture of Niigata. I learned them through my experience with Alice. Now I want to learn more about Niigata to have better communication with foreign people.

㊟ experience 体験　foreign 外国の　sister school 姉妹校　anyone だれか
host family ホストファミリー　Sado Island 佐渡島　early 早く　ship 船
guide ガイド　tourist 旅行者　finish 終える　homestay ホームステイ
visitor 訪問者　hospitality もてなし　through ～　～を通して
communication コミュニケーション

(1) 次の英文は，文中のa～eの□□□□のどこに入れるのが最も適当か。当てはまる符号を書きな
さい。

For a few hours, we enjoyed visiting some interesting places there.

(2) 下線部分Aについて，カオリがホノカ（Honoka）にそのような質問をした理由を具体的に日本語
で書きなさい。ただし，文末を「～から。」の形にすること。

(3) 文中のBの（　）の中に入る最も適当なものを，次のア～エから一つ選び，その符号を書きなさい。
ア　That isn't good. I want to be like Mr. Sato.
イ　That isn't so bad. I'm just a high school student.
ウ　So I'll tell Alice about other places in Japan.
エ　Alice should not ask me so many questions because I'm busy.

(4) 下線部分Cについて，カオリが学んだ「新潟に来る外国からの訪問者を迎える際に大切なこと」の
うち，「英語を一生懸命に勉強すること」以外の二つについて，それぞれ具体的に日本語で書きなさ
い。ただし，文末を「～こと。」の形にすること。

(5) 次の①～③の問いに対する答えを，それぞれ主語を含む3語以上の英文で書きなさい。ただし，
数字も英語のつづりで書くこと。
①　Was Kaori interested in becoming a host family?
②　What did Mr. Sato do for Alice and Kaori?
③　How long have Alice and Kaori written to each other?

(6) 本文の内容に合っているものを，次のア～オから一つ選び，その符号を書きなさい。
ア　Kaori wanted to visit her sister school, and she talked about it with her parents.
イ　One Sunday in March, Alice and Kaori got up early and went to Sado Island by ship.
ウ　Mr. Sato talked to Alice and Kaori when they were having lunch, so Alice wasn't
happy.
エ　Alice wanted to know about Niigata, so Kaori bought a book about Niigata and gave
it to Alice.
オ　Kaori doesn't think that she learned important things through her experience with
Alice.

〔3〕次の英文は，中学生のケンジ(Kenji)が書いたものです。これを読んで，あとの(1)～(7)の問いに答えなさい。

I usually go to school by bike and many students at my school do so. In our city many people have started to use bikes to go to work or school. But riding bikes in the city is (A). The roads are so crowded. Too many people and bikes are using the same roads. We need roads only for bikes. And there aren't large parking places for the bikes around stations or shops. We also need large parking places.
B

My father stayed in Germany for about a month last summer and he learned something interesting. One day my father went to see his friend Frank. He lived in a small town and my father went there by train. When my father got to the town, he was surprised. He could not see (C) around the station, and many people were riding bikes on the roads for bikes.

Frank said to my father, "In the 1970s there was pollution around here. Cars caused the pollution and the forest almost died. People worried about it and decided to make an eco-friendly town. Our town has become a good example to other towns. About 70% of the families don't have cars here. I don't have a car, either." Then my father asked, "What do
D
you do when you need one?" Frank said, "I borrow a car from a friend of mine when he doesn't use it. We can do a lot of things without cars because shops, restaurants and schools are near our houses. I usually use my bike to go to work or to go shopping. There aren't many cars on the roads, and this gives us another good thing. Parents don't have to worry when their children are playing on the roads."

[a] Some people have their own cars in that town. But they mustn't park their cars at their houses and mustn't park them on the roads. They have to buy a parking place
E
near the station. But the price of it is about ¥3,000,000! [b] Parking cars is not cheap in this town.

[c] My father told me they looked happy to live there. Frank said to him, "There are about 5,500 people in this small town, but we have no pollution. We love this town very much."

[d] After my father told me about the town, he asked me one question — What
F
can you do about pollution? I thought about it and talked with my friends and teachers about it. Now I have the answer. I will study more about the environment. And if we don't use cars too much, it's good to the environment. So I will try to walk or ride a bike when I go out. I believe that if we can change, the earth will change, too.

－74－

㊟ road 道路　　crowded 混雑して　　parking place 駐輪場，駐車場　　Germany ドイツ(国名)　　town 町

　　pollution 公害　　cause 引き起こす　　forest 森林　　eco-friendly 環境に優しい　　borrow 借りる

　　park （車などを）とめる　　price 値段　　cheap 安い　　environment 環境

(1)　文中のA，Cの（　　　）の中に入る最も適当な語を，次のア〜エからそれぞれ一つずつ選び，その
　　符号を書きなさい。

　　A　ア　interesting　　　イ　busy　　　　　　ウ　easy　　　　　　エ　difficult
　　C　ア　cars　　　　　　　イ　bikes　　　　　　ウ　people　　　　　エ　roads

(2)　下線部分Bについて，ケンジ(Kenji)がこのように考えた理由を，具体的に日本語で書きなさい。
　　ただし，文末を「〜から。」の形にすること。

(3)　下線部分Dについて，車が必要なときにはフランク(Frank)さんは，どのようにするか。具体的に日
　　本語で書きなさい。

(4)　次の英文は，文中のa〜dの　　　　　　のどこに入れるのが最も適当か。当てはまる符号を書きなさい。
　　What do people think about their town?

(5)　下線部分Eはどのような人を指しているか，最も適当なものを，次のア〜エから一つ選び，その符号
　　を書きなさい。

　　ア　自動車を持っている人　　　　　　　　　イ　駐車場を借りられない人
　　ウ　自動車を借りた人　　　　　　　　　　　エ　駐車場を買った人

(6)　下線部分Fについて，ケンジが考えた答えとして最も適当なものを，次のア〜エから二つ選び，その
　　符号を書きなさい。

　　ア　資源の無駄をなくし，自分たちが地球を守ることができると信じる。
　　イ　友だちや先生と公害について話し合い，環境についてもっと勉強するようにする。
　　ウ　環境をよくするために，車をあまり使わないようにしようと呼びかける。
　　エ　外出するときには，歩いたり，自転車に乗るように心がける。

(7)　次の①〜③の問いに対する答えを，それぞれ主語を含む3語以上の英文で書きなさい。

　　①　When did Kenji's father stay in Germany?
　　②　Can people park cars on the roads in Frank's town?
　　③　Why can the children in Frank's town play on the roads?

〔4〕 次の英文は，ハヤト (Hayato) が英語の授業で行ったスピーチの原稿です。これを読んで，あとの(1)
～(7)の問いに答えなさい。

　　　Hello, everyone. I love reading books and writing letters. I read about five books every month. Reading books is fun for me. I often write letters and e-mails to my friends. How about you? Can everyone in the world enjoy reading and writing? Some people can, and others can't. The literacy rate in Japan is about 100%. That means almost all Japanese people can read and write. But the literacy rate in Bangladesh is about 59%. Many people in Bangladesh can't read or write. The children there have to go to elementary school for five years. ［　a　］ Their parents don't need much money for that. But many children stop studying at elementary school. Why?

　　　I wanted to know about it and went to the library. I found a book about Bangladesh and read it. It was interesting and useful to me. And I found the reasons. Many people in Bangladesh are poor. When children need things for studying at school, some parents can't buy them. This is the first reason. And second, poor children have to work without going to school to help their family. I was sad about that. But some people in other countries send money for the children through volunteer groups. ［　b　］

　　　There is another problem. Because going to junior high school is expensive, some children can't do that. What can we do for the children in Bangladesh? ［　c　］ Now, I'll tell you about a program for them. When poor children want to go to junior high school, the program is very useful. An NGO in Bangladesh lends young cows to the children. The members of a volunteer group in Japan started helping this program about fifteen years ago. In this program, the children borrow young cows and take care of them. The cows grow up and make milk. The children sell it. （　C　） When the cows have babies, the children give them to the NGO. Then, the NGO can lend them to other children.

　　　I think this program is great. ［　d　］ A junior high school student in Bangladesh talked about it. "Many people think that taking care of the cows is difficult for children. I think so, too. But I thank the program. I enjoy my school life."

　　　There are many poor children in the world. I want to do volunteer work some day. ［　e　］ I want to help people in need.

(注) literacy rate　識字率　　almost　ほとんど　　Bangladesh　バングラデシュ（国名）
　　　elementary school　小学校　　parent　親　　money　お金　　poor　貧しい　　send　送る
　　　through ～　～を通して　　volunteer group　ボランティアグループ　　problem　問題
　　　expensive　高価な　　program　プログラム　　NGO　非政府組織（民間の国際援助団体）
　　　lend　貸す　　cow　牛　　borrow　借りる　　grow up　成長する　　in need　困っている

(1) 次の英文は, 文中のa～eの □ のどこに入れるのが最も適当か。当てはまる符号を書きなさい。

A lot of children can study at school by joining it.

(2) 下線部分Aについて, 本文中に述べられている例として最も適当なものを, 次のア～エから一つ選び, その符号を書きなさい。

ア ハヤトは電子メールを書くことができるが, 書くことのできない人もいる。

イ 識字率が高い日本では, ほとんどすべての人が読み書きできる。

ウ 識字率が高くないバングラデシュでは, 読み書きできない人が多くいる。

エ バングラデシュでは, 子どもたちが小学校に通う期間は日本より短い。

(3) 下線部分Bについて, ハヤトが見つけた二つ目の理由(reason)を, 具体的に日本語で書きなさい。ただし, 文末を「～から。」の形にすること。

(4) 文中のCの( )の中に入る最も適当なものを, 次のア～エから一つ選び, その符号を書きなさい。

ア So they can get money to go to school.

イ They can get money, so they don't have to study.

ウ And they give some money to the NGO.

エ The milk is very good, so they are happy.

(5) 下線部分Dについて, その内容を具体的に日本語で書きなさい。ただし, 文末を「～こと。」の形にすること。

(6) 次の①～③の問いに対する答えを, それぞれ主語を含む3語以上の英文で書きなさい。

① How many books does Hayato read every month?

② Was the book about Bangladesh interesting to Hayato?

③ When did the members of the volunteer group in Japan start helping the program?

(7) 本文の内容に合っているものを, 次のア～オから一つ選び, その符号を書きなさい。

ア Hayato likes reading very much, but he doesn't like writing something.

イ In Bangladesh, poor children don't have to buy things for studying at school.

ウ A lot of money is needed to go to junior high school in Bangladesh.

エ The NGO in Bangladesh does volunteer work without any help from other countries.

オ Hayato wants to go to Bangladesh to do something good for the people there.

〔5〕 次の英文は，ユタカ（Yutaka）が，英語の授業で発表したスピーチです。これを読んで，あとの(1)～(6)の問いに答えなさい。

Hello, everyone. My father and mother like reading books. There have been many kinds of books in my house since I was a small child. When I went to bed, my father usually came to my room with me and read a picture book to me. I began to read books when I was about four years old. After I read a book, I liked talking about the story with my mother. She always listened to me and said in a kind voice, "How did you feel after you read that story?" I became more interested in reading because of that.
A

I like reading very much even now. I read about ten books in a month. I don't have enough money to buy all the books. So I often go to the library near my house. It was built three years ago. My sister began to work there last spring. She told me about the history of libraries. The first library in the world was built about 2,700 years ago. The first library in Japan was built by a nobleman around the year 800. About 1,100 years later, people used libraries in some parts of Japan. But the libraries at that time were not like the libraries today. People could not borrow books from the library and had to read them in the library. And they needed money to read there.

After my sister told me about libraries, I wanted to know about the history of books and went to the library. About 3,000 years ago, in some parts of the world, people recorded their life on shells, wood, and other things. After a very long time passed, people began to use paper to record things. A man in China invented paper around the year 100. People there began to make books by using it because they thought that they could record more things. People in other countries also thought so, and began to do the same thing. When did paper come to Japan? I learned from a book that a man
B
came across the Sea of Japan in 610 and showed Japanese people how to make paper. After that, people in Japan began to read paper books.

Today, some people enjoy reading digital books. They think it is good to carry
C
many stories comfortably. I learned on the Internet that digital comics got more popular than paper ones in 2017. Some of my friends don't have paper comics at home, and they read digital ones on the Internet. Even my father's electronic dictionary has 1,000 Japanese stories and the same number of foreign ones. But I like reading paper books better than digital ones.

I think that my life will be very different without books. What do people think and do? I have learned that from books. Books have taught me many things about the world. What will the world be like? What should I do? Reading many kinds of books has given me chances to think about my future. What chances have books given to
D
you?

(注) began　beginの過去形　　even ～　　～でさえ，～でも

　　　enough ～ to ...　…するのに必要なだけの～　　nobleman　貴族　　around ～　～頃

　　　record　記録する　　shell　貝がら　　wood　木材　　pass　経過する

　　　the Sea of Japan　日本海　　digital　デジタルの　　comfortably　楽に　　electronic　電子の

　　　given　giveの過去分詞形　　chance　機会

(1)　下線部分Aについて，その内容として最も適当なものを，次のア～エから一つ選び，その符号を書きなさい。

　　ア　There have been many kinds of books in Yutaka's house.

　　イ　Yutaka began to read books when he was about four years old.

　　ウ　Yutaka's mother asked Yutaka his feelings after reading the story.

　　エ　Yutaka talked about the story, and his father listened to him.

(2)　下線部分Bについて，その内容として最も適当なものを，次のア～エから一つ選び，その符号を書きなさい。

　　ア　to make books by using paper

　　イ　to record things on shells, wood, and other things

　　ウ　to show Japanese people how to make paper

　　エ　to know about the history of books

(3)　下線部分Cについて，その理由を，具体的に日本語で書きなさい。ただし，文末を「～から。」の形にすること。

(4)　次の①～③の問いに対する答えを，それぞれ3語以上の英文で書きなさい。

　　①　Did Yutaka's mother usually read a picture book to Yutaka before he went to bed?

　　②　When was the first library in Japan built?

　　③　Which does Yutaka like better, reading paper books or reading digital ones?

(5)　本文の内容に合っているものを，次のア～エから一つ選び，その符号を書きなさい。

　　ア　Yutaka can buy about ten books every month because his parents give him enough money.

　　イ　People in some parts of the world read paper books about 3,000 years ago.

　　ウ　Yutaka's father has already read 1,000 foreign stories on the Internet.

　　エ　Yutaka has thought about what to do in the future after reading many kinds of books.

(6)　下線部分Dとあるが，あなたはどのような本が好きですか。好きな理由や本から学んだことなどを含め，4行以内の英文で書きなさい。

[6] 次の英文を読んで，あとの(1)〜(6)の問いに答えなさい。

Shigeru and Kana go to the same junior high school. Mr. Endo is their English teacher. Last week, Mr. Endo talked about SDGs in his English class. He said to the students, "We have a lot of problems on the earth. Some of them are very big and serious. World leaders decided to set 17 goals in 2015, and we should realize these goals before 2030. We must think about what to do to solve the problems. We also need to work together." Then he explained goal No.3.

Mr. Endo said, "Goal No.3 is "GOOD HEALTH AND WELL-BEING." In some countries, many children cannot take medicine when they are sick, so they die under five years old. One of the reasons is money. Their families don't have enough money to get medicine. It is important for them to learn how to keep children healthy, too. On the other hand, more people live a longer life and ☐ A ☐ in some countries. In such countries, they will need hospitals or people to take care of them. Now, I'll give you homework to do. Choose one goal from the other goals, and write a short speech about it in English."

In the next class, Shigeru and Kana gave a speech.

【Shigeru's speech】

I'll talk about goal No.2. Goal No.2 is "ZERO HUNGER." Many people are suffering from hunger around the world. You cannot stay healthy without enough food. Some people die because they don't have enough food.

Have you ever heard of 'food loss and waste'? Some food is thrown away though it can still be eaten. It is a big problem. Many people are hungry, but a lot of food is thrown away. I feel sad to know <u>that</u>. What should we do to solve the food problem?
B

【Kana's speech】

I'll talk about goal No.13. Goal No.13 is "CLIMATE ACTION." We have more and more natural disasters in the world. Some scientists say that one of the reasons is global warming. The earth is getting warmer. We need to do something to stop it. We should take care of the earth. I think we can do something to stop global warming. For example, I use my own bag when I go shopping. By doing so, I can stop using plastic bags.

We can only do small things, but we should keep doing them. Then our lives will be better. What will you do to stop global warming?

In the end of the class, Mr. Endo said, "SDGs are the goals to build a better world. There are many problems both in foreign countries and in Japan. How can we solve <u>the world's problems</u>? Around the world, a lot of people are sick and some of them
C
cannot go to a hospital. To solve this problem, we have to think about how to keep people healthy. This is goal No.3. People need to ☐ D ☐ to stay healthy. This is goal

No.2. Building hospitals is another solution. There is not only one answer. We need to remember all 17 goals to solve the world's problems and think about our future."

The students have learned important things. They have many chances to do something for the SDGs in their life. Thinking about their life will lead to realizing these goals. It is also important to talk about these problems with people around them. Then they can work together to find the solutions.

（注） SDGs　持続可能な開発目標（Sustainable Development Goalsの略称）　serious　深刻な
　　　realize　実現する　　GOOD HEALTH AND WELL-BEING　すべての人に健康と福祉を
　　　money　お金　　on the other hand　一方で　　ZERO HUNGER　飢餓をゼロに
　　　suffer from ～　～で苦しむ　　stay　～（のまま）でいる　　food loss and waste　食品ロス・廃棄
　　　throw ～ away　～を捨てる　　thrown　throwの過去分詞
　　　CLIMATE ACTION　気候変動に具体的な対策を　　disaster　災害
　　　global warming　地球温暖化　　solution　解決法　　chance　機会
　　　lead to ～ ing　～することにつながる

(1)　文中のAの ▢ の中に入る最も適当なものを，次のア〜エから一つ選び，その符号を書きなさい。

　ア　there are more old people　　　　イ　they have to work longer

　ウ　they don't become sick　　　　　エ　there are no children

(2)　下線部分Bについて，その内容を，具体的に日本語で書きなさい。ただし，文末を「～こと。」の形にすること。

(3)　次の英文は，下線部分Cについてのエンドウ先生（Mr. Endo）の考えをまとめたものです。X，Yの〔　　〕の中に入るものの組合わせとして，最も適当なものを，下のア〜エから一つ選び，その符号を書きなさい。

　　　When we think about one of the goals, 〔　X　〕 because 〔　Y　〕.

	X	Y
ア	we have to think only about the one	we have only one answer
イ	we have to think only about the one	there is more than one answer
ウ	we should also think about the other goals	we have only one answer
エ	we should also think about the other goals	there is more than one answer

(4)　文中のDの ▢ に当てはまる内容を，本文から3語の英語で書きなさい。

(5)　次の①～③の問いに対する答えを，それぞれ3語以上の英文で書きなさい。

　①　Are there a lot of problems on the earth?

　②　Why do many children die under five years old in some countries?

　③　What can Kana do by using her own bag when she goes shopping?

(6)　あなたは，シゲル（Shigeru）とカナ（Kana）のスピーチを聞きました。あなたはスピーチに対して，どのようなコメントを書きますか。コメントを書く相手として，シゲルかカナのどちらかを選び，解答用紙の〔　　〕の中に，ShigeruかKanaを書き，それに続けて， ▢ の中に，4行以内の英文でコメントを書きなさい。ただし，＊＊＊の部分にはあなたの名前が書かれているものとします。

〔7〕 次の英文を読んで，あとの(1)～(6)の問いに答えなさい。

　　　Hideki is a junior high school student.　Stefan is a student from South Africa, and he stays at Hideki's house.　They are classmates.　On the first day of Stefan's homestay at Hideki's house, Hideki and Stefan wrote a diary in English at night.

【From Hideki's diary】

　　Stefan arrived at my house in the morning.　I was very happy to meet him.

　　When he entered our house, my father was very surprised because he didn't take off his shoes.　Stefan didn't know that we usually take off our shoes inside the house in Japan.

　　At lunch time, my mother made Japanese food, and we ate it.　He seemed to like it.　But when he ate the pickled plum, he told her he didn't like it.　My mother looked surprised when he said that.　I knew this was a kind of difference in culture.　Anyway, we enjoyed lunch with him.

　　At night, I told Stefan about my experience in America.　When I stayed with my host family, I could not tell them my feeling about spicy food.　I didn't like it, but I didn't want to disappoint my host family.　They asked me, "How do you like this dish?" I answered, "　　A　　"　So they often gave me spicy food and I had to eat it.

　　Stefan and I were in the same situation, but he didn't do the same thing as me.　I want to ask my classmates, "What will you do if you are in the same situation as me?"

【From Stefan's diary】

　　Today was my first day in Japan!　Hideki and his family were very kind and everything was new to me. When I entered the house, Hideki's father looked surprised and shouted, "Oh, wait!"　I didn't know that I must　　B　　.　In South Africa, we usually enter the house with our shoes on.　This was the first interesting thing to me in Japan.

　　At lunch time, _Cthe second interesting thing happened.　Hideki's mother cooked many kinds of Japanese dishes for lunch.　Most of them were great, but only one of them wasn't good for me because it was too sour.　She didn't ask me, "Do you like it?" But I said to her, "I don't like it."　She looked surprised.　I thought, "Why was she surprised?　I don't understand.　I just gave my opinion to her."　But, thanks to her, we enjoyed lunch a lot.　When I gave her a big hug after lunch, she looked very surprised again.

　　At night, Hideki and I talked a lot.　I was surprised to hear about Hideki's experience in America.　He told me that Japanese people sometimes don't talk about their ideas with each other because they want to respect other people's ideas first.　I didn't know _Dthis until Hideki told me about it.　In my country, we usually talk about our feelings or opinions because we hope that other people will understand us.　Now I want to ask my classmates, "Was my behavior at lunch time right or wrong?"

　　A few days later, in the English class, Hideki and Stefan talked about Stefan's homestay.　They also read their diaries aloud.　The students in their class listened to them. Stefan was happy because they became interested in their stories. The students learned that people in different countries have many different ways of thinking and acting. Now Stefan thinks it's very difficult to guess other people's feelings, but he will try to do it like Japanese people.

(注) South Africa 南アフリカ　homestay ホームステイ　diary 日記　enter 入る
take off 脱ぐ　seem to ～ ～するように見える　pickled plum 梅干し
difference 違い　spicy 香辛料のきいた　disappoint 失望させる　dish 料理
with ～ on ～をはいたまま　sour すっぱい　thanks to ～ ～のおかげで
hug 抱擁, ハグ　respect 尊重する　behavior ふるまい　wrong 間違った
read ～ aloud ～を読み上げる

(1) 文中のAの ☐ の中に入る最も適当なものを，次のア～エから一つ選び，その符号を書きなさい。

ア　Sorry, I don't like it.　　イ　I really like Japanese food.
ウ　This is very delicious.　　エ　I don't know.

(2) 文中のBの ☐ に当てはまる内容を，4語の英語で書きなさい。

(3) 次の英文は，下線部分Cのときに，ステファン（Stefan）に起こったことです。X，Yの〔　　〕の中に入るものの組合わせとして，最も適当なものを，下のア～エから一つ選び，その符号を書きなさい。

Stefan 〔 X 〕, 〔 Y 〕.

	X	Y
ア	liked all of the Japanese food	but he didn't eat much at lunch time
イ	liked all of the Japanese food	so he enjoyed lunch very much
ウ	told Hideki's mother that he didn't like the pickled plum	so he didn't eat much at lunch time
エ	told Hideki's mother that he didn't like the pickled plum	but he enjoyed lunch very much

(4) 下線部分Dについて，その内容を，具体的に日本語で書きなさい。ただし，文末を「～こと。」の形にすること。

(5) 次の①～③の問いに対する答えを，それぞれ3語以上の英文で書きなさい。

① Was everything new to Stefan on the first day of his homestay?

② How did Hideki's mother look when Stefan gave her a big hug?

③ What will Stefan try to do?

(6) あなたがヒデキ（Hideki）とステファンの同級生だとしたら，彼らの日記の内容に対して，どのようなコメントを書きますか。コメントを書く相手として，ヒデキとステファンのどちらかを選び，解答用紙の〔　　〕の中に，HidekiかStefanを書き，それに続けて，☐ の中に，4行以内の英文でコメントを書きなさい。ただし，＊＊＊の部分には，あなたの名前が書かれているものとします。

〔8〕 次の英文は，高校生のマサキ（Masaki）が，英語の授業で行ったスピーチ原稿です。これを読んで，あとの(1)～(7)の問いに答えなさい。

　　Hello, everyone.　Today, I'd like to talk about volunteer activities.　I think we can learn many things by doing volunteer activities.

　　There are many activities to clean rivers in Niigata.　I joined one of the activities with my family when I was ten years old.　｜ a ｜　It was my first time to do a volunteer activity.　I was not interested in volunteer activities before joining this activity.　When I finished cleaning the river in my town with many other people, I felt happy.　So <u>I became interested in volunteer activities then.</u>
A

　　How many people are doing volunteer activities?　I'll show you two charts.　Young people from 18 to 24 years old in Japan answered some questions about volunteer activities.　｜ b ｜　The two charts show the results.

[Chart 1]

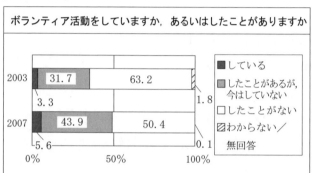

[Chart 2]

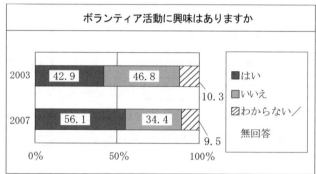

　　First, look at Chart 1.　The percentages of the answer "I'm doing" in 2003 and in 2007 were not so high, but the percentage in 2007 was higher.　And the percentage of the answer "(B)" increased, too.

　　Look at Chart 2.　The young people answered the question: "Are you interested in volunteer activities?"　In 2003, the percentage of the answer "No" was higher than the percentage of the answer "Yes."　But the difference between these two percentages was not so large.　｜ c ｜　In 2007, more than half of the young people answered, "Yes."　So we can say more young people became interested in volunteer activities.　I think <u>that's</u> good.
C

　　There are many kinds of volunteer activities.　We can do some things for other people around us.　For example, my sister sometimes reads books to children in the library.　She likes children and reading books, so she enjoys the activity.　Emi and Taro, my friends, like singing songs.　Some old people live near our school.　Emi and Taro visit the old people and sing songs for them there about three times in a year.　Emi said, "I'm glad when the old people smile or sing with us."　My sister, Emi and Taro are great.　Doing such volunteer activities may be hard.　｜ d ｜　Have you ever made a mistake when you write a postcard?　Please don't throw away the postcard.　It is still useful.　Some volunteer groups collect such mistakenly-written postcards to help people.　We can support the volunteer groups by giving mistakenly-written postcards to the groups.　I learned that from my sister.　｜ e ｜　She said, "I think collecting useful

－84－

things like mistakenly-written postcards is one of the easy activities." <u>I think so, too.</u>_D So, we collected some mistakenly-written postcards and gave them to one of the volunteer groups.

I feel happy when I do something for other people. If you are interested in volunteer activities, shall we start doing something together? Thank you.

(注) activity 活動   chart 図表   result 結果   percentage 割合   increase 増える
    difference 違い   half 半分   such そのような   make a mistake 間違う
    postcard ハガキ   throw away 捨てる   collect 集める   mistakenly-written 書き損じの
    support 支援する

(1) 次の英文は，文中のa～eの □□□□ のどこに入れるのが最も適当か。当てはまる符号を書きなさい。

   But we can also do some things for people in other ways.

(2) 下線部分Aについて，マサキがボランティア活動に興味を持つようになったのはなぜか。具体的に日本語で書きなさい。ただし，文末を「～から。」の形にすること。

(3) 文中のBの（ ）の中に入る最も適当なものを，次のア～エから一つ選び，その符号を書きなさい。
   ア I have done volunteer activities, but I'm not doing them now
   イ I don't know well, so I can't answer
   ウ I want to try to do volunteer activities in the future
   エ I have never done volunteer activities before

(4) 下線部分Cの内容を，具体的に日本語で書きなさい。ただし，文末を「～こと。」の形にすること。

(5) 下線部分Dについて，マサキは姉〔妹〕のどのような考えに同意しているか。その内容を，具体的に日本語で書きなさい。

(6) 次の①～③の問いに対する答えを，それぞれ主語を含む3語以上の英文で書きなさい。ただし，数字も英語のつづりで書くこと。
   ① Are there any activities to clean rivers in Niigata?
   ② Why does Masaki's sister enjoy reading books to children in the library?
   ③ How many times do Emi and Taro sing songs for the old people in a year?

(7) 本文の内容に合っているものを，次のア～オから一つ選び，その符号を書きなさい。
   ア Masaki was interested in volunteer activities before joining a volunteer activity for the first time.
   イ In 2007, more than 10% of the young people were doing volunteer activities.
   ウ Emi and Taro invite old people to school, and sing songs together with them.
   エ If you make a mistake when you write a postcard, you should not throw away the postcard.
   オ Masaki thinks that his sister is great, and he wants to do the volunteer activity in the library.

〔9〕 次の英文は，高校生のサヤカ(Sayaka)が，英語の授業で行ったスピーチの原稿です。これを読んで，あとの(1)～(7)の問いに答えなさい。

Hello, everyone. Do you see people from other countries in your town? Sometimes I do. [a] Last summer, my family became a host family. A student from America stayed with my family for five days. Her name is Cindy, and my family took her to some famous places. My father said, "When I was a student, we saw few people from other countries." Do you know the number of people who visit Japan in a year? Please look at the graph. It shows the number of people who visited Japan from 2003 to 2015.

[Graph]

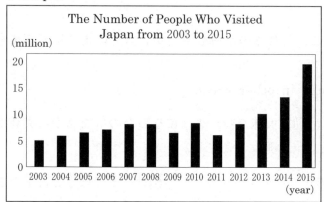

The Number of People Who Visited Japan from 2003 to 2015

[Table]

The Number of People Who Visited Japan from Each Region in the World in 2003 and 2015

Regions	2003	2015
Asia (アジア)	3,511,513	16,645,843
Europe (ヨーロッパ)	648,495	1,244,970
Africa (アフリカ)	19,015	31,918
North America (北アメリカ)	798,358	1,310,606
South America (南アメリカ)	25,987	74,198
Oceania (オセアニア)	206,994	429,026
Total (総数)	5,210,362	19,736,561

(the number of people)

You can find that the number of people who visited Japan increased after 2011. In 2015, about 20 million people came to Japan! Next, please look at the table. It shows the number of people who visited Japan from each region in the world in 2003 and 2015. [b] From the table, we can see that more people came to Japan in 2015 than in 2003 from each region in the world. Every year, a lot of people from abroad come to Japan. They enjoy sightseeing and shopping, and spend a lot of money during their stay in Japan. So we can say they are supporting the Japanese economy. But there are some problems. For example, many of them don't understand Japanese. [c] How can we help people from abroad? Let's think about ways to help them.

Last month, I read a book about "universal design." "Universal design" is the design of products and environments that can be understood by all people. Since I read the book, I have been interested in "universal design." You can see many things using the idea of "universal design" in Japan, too. [d]

Now look at these two pictures. Picture A is a map symbol. What is it? You know its meaning, right? Yes, it is the map symbol for "police box." Many Japanese people have already learned it at school, so it's not difficult for us. (C) In fact, Cindy said, "Does that mean 'Don't come into this place.'?" when she saw it. She didn't know the right answer. Next, please look at Picture B. Picture B also means "police box." We can say that it is an example of "universal design." When the idea of "universal design" is used for more things around us, language problems will become smaller for people from abroad.

Picture A   Picture B

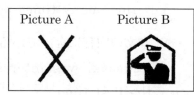

We can also find other good examples to help them. Some restaurants have made menus written in Japanese and in other languages. At many train stations, we can see signs with two English letters and a number. For example, AZ6 means the sixth station of the Aozora Line. ╔══════╗ e ╚══════╝ In this way, we have started to do something to help people from abroad.

What can young people like us do for people from abroad? My dream is to help them as a volunteer in the future. I study English hard every day. Why don't you start thinking about how to help people who visit Japan? I'm happy if you think about it after listening to my speech.

(注) host ホームステイ先の   few ほとんど〜ない   graph グラフ   table 表   region 地域
increase 増える   from abroad 海外からの   sightseeing 観光   support 支える
economy 経済   universal design ユニバーサルデザイン   product 製品
environment 環境   map symbol 地図記号   police box 交番   in fact 実際に
menu メニュー   sign 標識   letter 文字   in this way このようにして

(1) 次の英文は，文中のa〜eの ╔══════╗ のどこに入れるのが最も適当か。当てはまる符号を書きなさい。
Language is one of the biggest problems for people from other countries.

(2) 下線部分Aについて，海外から日本に来る人たちについてそのように言えるのはなぜか。その理由を具体的に日本語で書きなさい。ただし，文末を「〜から。」の形にすること。

(3) 下線部分Bについて，ユニバーサルデザインとはどのようなものと述べられているか。具体的に日本語で説明しなさい。

(4) 文中のCの（　　）の中に入る最も適当なものを，次のア〜エから一つ選び，その符号を書きなさい。
ア And people from abroad understand its meaning because they use it in their countries.
イ But I don't think people from abroad understand its meaning.
ウ This map symbol is very easy, so people from abroad can understand it.
エ I think that Picture A is a map symbol using the idea of "universal design."

(5) 下線部分Dの例について，いくつかのレストランで行っている内容を，具体的に日本語で書きなさい。

(6) 次の①〜③の問いに対する答えを，それぞれ主語を含む3語以上の英文で書きなさい。ただし，数字も英語のつづりで書くこと。
① How long did Cindy stay with Sayaka's family last summer?
② Did South America have more people who visited Japan than North America in 2015?
③ What is Sayaka's dream in the future?

(7) 本文の内容に合っているものを，次のア〜オから一つ選び，その符号を書きなさい。
ア Sayaka's father has never seen people from other countries in his town.
イ Now Sayaka is interested in "universal design" because she learned about it in her English class last month.
ウ We can see signs like "AZ6" at many train stations, and those signs can help people from abroad.
エ Young people don't have to think about anything to help people from abroad.
オ Sayaka hopes that young people in Japan will study English to visit foreign countries.

〔10〕次の英文は，高校生のリョウタ（Ryota）が，英語の授業で発表したスピーチです。これを読んで，あとの(1)〜(7)の問いに答えなさい。

Hello, everyone. Last April, I became a member of the student council of Hikari High School. Our school was not clean, so I decided to make it clean. I made posters first. I wrote, "Let's make our school clean." But the posters didn't work. The next week, I started asking other students for cleaning their classrooms more, but they didn't listen to me. I felt very sad.

In my town, when elementary school children walk to school in the morning, elderly people in a volunteer group help them. One morning, when I saw the elderly people on the street, I thought, "I know that elderly man. He walked with me every morning when I was in elementary school. He is still doing that." After dinner that evening, I talked about him with my mother. She said, "He helps elementary school children every morning, and cleans the street in the afternoon. He has been doing <u>those activities</u> as a volunteer for more than twenty years. He is ninety years old now." I said, "Really? He's great."

A few days later, I saw him again on my way home from school in the afternoon. He was cleaning the street with other elderly people. I said to him, "Good afternoon. Thanks to you, this street is always clean. You take care of elementary school children every morning. You are （ B ）." He smiled and said, "Well, I retired from my job when I was sixty-five years old. I had a lot of time, and I wanted to do something for our community. One day, I heard about elderly people in other towns. They helped elementary school children on their way to school. I asked my friends, 'Can we do the same thing in our town?' but they didn't want to do it. I started helping children alone, but I didn't feel sad because I enjoyed this volunteer activity. One of my friends sometimes came to see my activity, and he finally joined me. Other friends joined us later." He smiled again and said, "I feel really happy when I see the happy faces of people. Your name is Ryota, right? I talked a lot with you when you were in elementary school. Now you are much taller than I." <u>I was surprised</u> because he knew about me.

That night, I thought, "（ D ）, but he started helping children alone. And he always enjoys working for our community. What am I doing? I only asked other students for help. If I hope that other people will work hard, I have to start working very hard myself and I should enjoy it." Thanks to him, <u>I changed my attitude</u>.

The next day, I started cleaning our school alone after school. I enjoyed it because our school became cleaner. A week later, one of my friends joined me. Two weeks later, several students joined us. A month later, more students started working with us. Some of them said to me, "I decided to work with you because you look happy when you are working. Our school has become much cleaner. I'm proud of it." I felt happy to hear that. I thought, "After I changed my attitude, other students changed their attitudes, too." Now many students clean our school really hard and our school is very clean.

I learned important things through these experiences. If I keep them in my mind, I think I can solve even difficult problems. I want to say to the elderly man, "I learned important things from you. Thank you." I want to be a person like him.

(注) student council　生徒会　　ask ～ for ...　～に…を求める　　elderly　お年寄り
thanks to ～　～のおかげで　　smile　ほほ笑む　　retire from one's job　退職する
community　（地域）社会　　myself　私自身で，自分で　　attitude　態度
be proud of ～　～を誇りに思う

(1)　下線部分Aについて，その内容を，具体的に日本語で書きなさい。ただし，文末を「～こと。」の形にすること。

(2)　文中のBの（　　　　）の中に入る最も適当な語を，次のア～エから一つ選び，その符号を書きなさい。
　　ア　tired　　　　　イ　sick　　　　　ウ　hungry　　　　　エ　amazing

(3)　下線部分Cについて，リョウタはなぜそのように感じたのか。その理由として最も適当なものを，次のア～エから一つ選び，その符号を書きなさい。
　　ア　Because the elderly man was taller than Ryota.
　　イ　Because the elderly man retired from his job.
　　ウ　Because the elderly man remembered Ryota.
　　エ　Because the elderly man worked as a volunteer.

(4)　文中のDの（　　）の中に入る最も適当なものを，次のア～エから一つ選び，その符号を書きなさい。
　　ア　Many people wanted to help him
　　イ　He knew the happy faces of people in his community
　　ウ　He didn't have much time after retiring from his job
　　エ　His friends didn't agree with him at first

(5)　下線部分Eの内容として最も適当なものを，次のア～エから一つ選び，その符号を書きなさい。
　　ア　Ryota asked other students for thinking about how to make their school clean.
　　イ　Ryota started cleaning his school alone, and he enjoyed it.
　　ウ　Ryota made posters to tell other students that he needed their help.
　　エ　Ryota cleaned their school with other members of the student council.

(6)　次の①～③の問いに対する答えを，それぞれ3語以上の英文で書きなさい。
　　①　Was Hikari High School clean when Ryota became a member of the student council?
　　②　How did Ryota feel when other students didn't listen to him?
　　③　What does Ryota want to be?

(7)　本文の内容に合っているものを，次のア～エから一つ選び，その符号を書きなさい。
　　ア　Ryota's mother said that the elderly man visited some elementary schools to clean them.
　　イ　One day, Ryota met the elderly man who does several things to help people in their community.
　　ウ　At first, the elderly man started doing volunteer activities with elderly people in other towns.
　　エ　The elderly man looked sad when he was talking about his volunteer activities.

〔11〕次の英文は，中学生のシノ（Shino）が書いたレポートに関連する出来事について書かれたものです。これを読んで，あとの(1)～(6)の問いに答えなさい。

One summer day, Shino visited Naoko, one of her friends. They went to Naoko's room. "It is a very hot day. Do you want some cold tea?" Naoko asked. "Thank you," Shino said. When Shino was drinking the tea, she found some pieces of paper on Naoko's desk. "Is that your report? Did you finish writing it?" Shino asked. "Yes, I did. I wrote about local food. What is the topic of your report?" Naoko said. Shino said, " A " "Shino, you have to do that first. You will soon find a good one," Naoko said to Shino.

After staying for a few hours at Naoko's house, Shino left there. She was going home by bike. The sun was still in the sky and the mountains were beautiful. "What should I write about?" she thought again. Near a temple, she found a bird. "What a beautiful bird!" It was singing on a big stone. When she came near the stone, the bird looked at her and flew away. She looked at the stone. It was as tall as Shino, and she could see some letters on it. "What is this stone for?" she wondered.

When Shino was eating dinner that evening, she talked about the stone to her grandfather. "That is a stone monument with a long history," he said. Shino told him about her report. "I think it's a good idea to write about it. One of my friends knows about it very well. His name is Taizo. You can see him at the community center," he said. "That's nice. I want to see him," Shino said.

The next day, Shino went to see Taizo. He was waiting for her at the community center. "Hi, Shino. Your grandfather called me. You are young, but you are interested in the stone monument, so I'm glad," Taizo said with a smile. He continued, "We have more stone monuments around here. You saw a stone monument near the temple, right? It was built more than three hundred years ago. People around here thought that trees have souls, but they cut and used the trees for their own lives. So they made the stone monuments _B<u>to thank the trees</u>." He showed Shino some books about the stone monuments. "We should live with nature. However, we sometimes forget that important thing. When we see the stone monuments, we can remember that," he said. Shino thought, "This is a part of our local culture, and young people like me have to learn about this." After talking with Taizo, she went home. She did her best to finish her report that evening. It took about four hours for her to write it. But she enjoyed writing it. She thought, "I got a great message from Taizo-san. He thinks it's important for us C . He said we should not forget that. I think so, too."

　　The summer vacation finished, and Shino's school started again. In the classroom, Naoko came to Shino and said, "What is the topic of your report?" "I found a stone monument after visiting you. The topic is the stone monument," Shino said. "That's interesting. I want to read it later," Naoko said. Shino met her homeroom teacher Mr. Kato after school. "Your report was great. I think you worked hard to write it," he said. <u>Shino felt happy</u> when she heard his words.
　　　　　　D

　(注)　topic　題材　　stone　石　　flew　flyの過去形　　letter　文字　　stone monument　石碑
　　　　community center　公民館　　smile　ほほ笑み　　soul　魂

(1)　文中のAの　☐　の中に入る最も適当なものを，次のア〜エから一つ選び，その符号を書きなさい。

　　ア　My topic is also about local food.　　　イ　I've already found it.

　　ウ　You did a good job.　　　　　　　　　　エ　I haven't decided it yet.

(2)　下線部分Bについて，その辺りの人々は，自分たちがしたどのようなことに関して木に感謝をささげたのか。その内容を，具体的に日本語で書きなさい。ただし，文末を「〜こと。」の形にすること。

(3)　文中のCの　☐　に当てはまる内容を，4語の英語で書きなさい。

(4)　次の①〜③の問いに対する答えを，それぞれ3語以上の英文で書きなさい。ただし，数字も英語のつづりで書くこと。

　　①　Was the sun in the sky when Shino was going home from Naoko's house?

　　②　When was the stone monument near the temple built?

　　③　How long did it take for Shino to write her report?

(5)　本文の内容に合っているものを，次のア〜エから一つ選び，その符号を書きなさい。

　　ア　One Summer day, Shino visited Naoko's house to write their reports together.

　　イ　Shino saw a beautiful bird when she was going to Naoko's house.

　　ウ　Taizo was glad that Shino was interested in the stone monument.

　　エ　Taizo and other old people know about their local culture well, so Shino doesn't think young people have to learn about it.

(6)　下線部分Dとあるが，あなたがこれまでにうれしいと感じたことを一つあげ，その理由も含め，4行以内の英文で書きなさい。

〔12〕 次の英文は，新潟の高校生のハルナ（Haruna）が，英語の授業で行ったスピーチの原稿です。これを読んで，あとの(1)〜(7)の問いに答えなさい。

Hello, everyone. Today I'll talk about something I studied in my social studies class last week. We played an interesting game in the class, and learned some important things from it.

In the game, we made eight groups of five, and each group had some cards. On each card, there was a picture of different foods, like eggs, fish or potatoes. We had to make dinner with those cards. [a] When we finished talking about the dinner we would make in our group, Ms. Akagi, our social studies teacher, said, "Now, look at the other side of each card." There were some stars on it. She told us to see how many stars there were on the cards we used to make dinner, and asked, "What do those stars show?"_A No one answered. [b] Then Ms. Akagi said to us, "The stars show how much CO_2 is emitted by transportation that brings the food on the card to Niigata. For example, potatoes brought by truck have more stars than potatoes brought by train because a truck emits more CO_2 than a train. And potatoes brought a long way have more stars than potatoes from Niigata."

CO_2 is emitted when food is brought to Niigata. I knew that the emission of CO_2 is becoming a big problem for the world, but I didn't think about transportation when I bought food. [c] At stores, I was just interested in the prices of the foods. But after this class, I began to think like this._B We should know where the food we buy comes from and how it is brought to our table.

Transportation isn't the only thing to emit CO_2. Look at this **graph**. You see 17% of all the emission is from transportation, but factories emit more. More than 50% is emitted by factories and transportation. I'm surprised_C to know homes also emit CO_2 a lot, and it's more than the emission from power plants. But this means we can do some things at home to reduce the emission of CO_2.

Now I'm going to tell you about some of the ways to reduce the emission of CO_2. I found them on the Internet. Look at this **table**. It shows how much CO_2 you can reduce by doing different things. If you don't use a car, it can reduce the emission of CO_2. Do you go shopping with your family by car? [d] If the store isn't so far away from your house, you can use your bike. (D) The difference is only one minute, but it can reduce 74g of CO_2. To reduce the emission of CO_2, I'll try to bring my eco-bag when I go shopping.

[Graph]

CO_2 排出量の割合

- その他 6%
- 発電所 7%
- 工場 34%
- 家庭 15%
- 業務 21%
- 運輸 17%

[Table]

1人1日での CO_2 削減量	
各自ができること	削減できる CO_2 量
徒歩か自転車で買い物に行く	180g
シャワー時間を1分減らす	74g
テレビを1時間消す	31g
コンピュータ使用時間を1時間減らす	13g
エコバッグを持ち歩く	62g

I learned about the CO_2 problems in my social studies class. | e | But now I know they aren't. Each of us can do only small things, but I think there is something we can do for the earth. We can make a difference if we try.

(注) social studies 社会科　potato ジャガイモ　side 面　no one 〜 だれも〜ない
　　 CO_2 二酸化炭素　emit 排出する，出す　transportation 輸送手段，運輸
　　 truck トラック　emission 排出，排出量　price 値段　graph グラフ　factory 工場
　　 power plant 発電所　reduce 減らす　table 表　far 遠い　difference 違い，差

(1) 次の英文は，文中のa〜eの | | のどこに入れるのが最も適当か。当てはまる符号を書きなさい。
　　 I first thought they were too big for a high school student.

(2) 下線部分Aについて，カードの片面にある星はどのようなことを示しているか。その内容を具体的に日本語で書きなさい。ただし，文末を「〜こと。」の形にすること。

(3) 下線部分Bについて，ハルナは，私たちが何を知るべきだと考え始めたか。その内容を具体的に日本語で書きなさい。

(4) 下線部分Cについて，ハルナがグラフを見て驚いたのはなぜか。その理由を具体的に日本語で書きなさい。ただし，文末を「〜から。」の形にすること。

(5) 文中のDの（　）の中に入る最も適当なものを，次のア〜エから一つ選び，その符号を書きなさい。
　ア　You should stop watching TV too much.
　イ　If you take a shower for ten minutes, try to make it shorter.
　ウ　If you go to the store by bike, try to walk there.
　エ　You should not use your computer too much.

(6) 次の①〜③の問いに対する答えを，それぞれ主語を含む3語以上の英文で書きなさい。ただし，数字も英語のつづりで書くこと。
　①　How many students were there in each group?
　②　Did Haruna answer the question about the stars on the cards?
　③　What will Haruna do to reduce the emission of CO_2?

(7) 本文の内容に合っているものを，次のア〜オから一つ選び，その符号を書きなさい。
　ア　Last week, the students made dinner with the cards of the foods, and they learned what the stars on the cards showed.
　イ　In the social studies class, the students made dinner in a group and enjoyed eating it.
　ウ　Haruna learned about the prices of the foods at the shop in the social studies class.
　エ　There are more stars on the card of the potatoes brought by train than the card of the potatoes brought by truck.
　オ　Watching TV is one of the ways to reduce the emission of CO_2.

〔13〕次の英文は，フミコ (Fumiko) が，英語の授業で発表したスピーチです。これを読んで，あとの(1)～
(6)の問いに答えなさい。

Have you ever thought about your future job? Why will you work? I think many students will say, "Because I want to get a lot of money. I'll make my life better with the money." I once said so, too, but now I have a different answer because of my experiences on Career Day.

On Career Day, I worked at a flower shop for three days. I like flowers and wanted to know more about flowers. And the jobs at a flower shop seemed fun. So, I decided to work there. On the first day, I met the shop owner and started working. I worked hard and learned many things. For example, I learned how to give water to flowers and how to wrap them. I enjoyed learning <u>such things</u> and felt happy. That night, I said to my
                              A
mother, "Working at the flower shop isn't difficult. It's interesting."

However, <u>I had some bad experiences</u> on the second day. A customer asked me to
          B
cut off some parts of the flowers, but I cut off different parts by mistake. Also, I made several mistakes and the customers got angry. I said to them, "I'm sorry," many times. I felt sad. The shop owner said, "You must do your job carefully. We must make all our customers happy." I could not enjoy working anymore on that day.

That evening, when I had dinner with my mother, she said, "You look sad, Fumiko. What happened to you?" I talked about my mistakes and my feelings. "Everyone makes mistakes. Don't worry too much," she said. I asked, "You work at the aged care facility as a staff member. Do you feel happy when you work?" She smiled and answered, "Yes. I see a lot of smiles of the elderly people and feel very happy. Well, there is a woman who often visits the facility to see her father. She looks happy to see his smile. I take care of her father for her with other staff members, so she always says thank you when she sees us." I asked, "You help not only elderly people there, but also their families, right?" She answered, "Yes." <u>I thought her job was great.</u> Then she said, "I feel good
                                        C
to see the happy faces of many people." Her words impressed me a lot. I thought, "I didn't think about the customers at the flower shop carefully, but I'll think more about them tomorrow. I'll make them happy like my mother."

On the last day, I worked hard to see the smiles of the customers at the flower shop. I was no longer sad. After I finished working at the shop, I talked with the shop owner. He said, "I know you felt sad yesterday. I'm glad that you looked happy today. You worked hard for our customers." I said, "Thank you very much. Experiences at this shop taught me important things about working." He said, "That's good. I want to help a lot of people by working, and I want to make them happy, too. It's important to get money for your life, but these two things are more important for me." The shop owner's words impressed me. I learned important things about working from him and my mother.

Why will you work? Before Career Day, I answered, "To get a lot of money." Now I will say, "To help a lot of people and make them happy." That is my motto for working.

In high school, we will have to think more about our future jobs.   Everyone, <u>what do you want to be in the future?</u>   I want to follow my motto for working when I decide my future job.

Thank you for listening.

(注) Career Day 職業体験日   shop owner 店主   customer お客さん   mistake 間違い, ミス
carefully 注意深く   anymore もはや   aged care facility 老人介護施設
elderly people お年寄り   impress 強い印象を与える   no longer もはや〜ない
motto モットー

(1) 下線部分Aについて，例としてあげられている内容を，具体的に日本語で書きなさい。

(2) 下線部分Bについて，その内容として最も適当なものを，次のア〜エから一つ選び，その符号を書きなさい。

ア   There were some jobs Fumiko didn't want to do.

イ   Fumiko's mistakes at the flower shop made her sad.

ウ   Fumiko didn't like working very carefully for the customers.

エ   Fumiko got angry with the customers because they were not kind.

(3) 下線部分Cについて，フミコがそのように感じた理由として最も適当なものを，次のア〜エから一つ選び，その符号を書きなさい。

ア   Because Fumiko's mother thought only about the elderly people at the facility.

イ   Because Fumiko's mother worked hard to get money for her family.

ウ   Because Fumiko wanted to visit the facility to see her mother's job.

エ   Because Fumiko's mother helped both the elderly people at the facility and their families.

(4) 次の①〜③の問いに対する答えを，それぞれ3語以上の英文で書きなさい。

①   Was Fumiko happy on the first day on Career Day?

②   Why does the woman who often visits the facility thank Fumiko's mother and other staff members?

③   What is Fumiko's motto for working now?

(5) 本文の内容に合っているものを，次のア〜エから一つ選び，その符号を書きなさい。

ア   Fumiko decided to work at the flower shop because her dream was to have her own flower shop.

イ   When Fumiko's mother heard about Fumiko's mistakes at the shop, she got angry.

ウ   After Fumiko talked with her mother, she thought she should think more about the customers.

エ   The words of the shop owner didn't change Fumiko's idea about working.

(6) 下線部分Dとあるが，あなたは将来，何になりたいですか。その理由も含め，4行以内の英文で書きなさい。

〔14〕 次の英文は，高校生のエリコ（Eriko）が，英語の授業で行ったスピーチの原稿です。これを読んで，あとの(1)～(7)の問いに答えなさい。

Hello, everyone. What kinds of preserved foods do you often eat? For example, I eat *umeboshi* every day. ☐ a ☐ I found a picture of some *umeboshi* on the Internet, and they were pickled in 1576! I was very surprised to know that. Then, I became interested in preserved foods.

I used the Internet and read books to know about them. ☐ b ☐ So, people tried to preserve foods, and they found some effective ways to do so. These became traditional knowledge. Maybe you know these two ways: drying and salting. Many kinds of fruits are preserved by drying, for example, dried bananas. Do you know why these two ways are effective to preserve foods? Let's think about the things that happen to foods when they spoil. Some kinds of microorganisms propagate in foods and make them bad. Microorganisms need water to propagate. So, we can understand drying is effective to preserve foods. Next, let's think about salting. If we salt vegetables, the water in them comes out. And, some kinds of microorganisms can't easily propagate in salted foods. Maybe, people in old times didn't know about microorganisms, but they found these ways of preserving foods and they became traditional knowledge. Traditional knowledge can be explained with science, and that is very interesting for me.

Now, there are many kinds of technologies to keep fresh foods. （ C ） Why? We will see some of the reasons by understanding some differences between preserved foods and fresh foods. For example, there are some interesting differences between dried *shiitake* mushrooms and fresh *shiitake* mushrooms. ☐ c ☐ Look at the graph. We can see that the vitamin D in dried *shiitake* mushrooms that are boiled is more than the vitamin D in fresh *shiitake* mushrooms. I also hear that dried *shiitake* mushrooms include more *umami* compounds than fresh *shiitake* mushrooms. I also found information about fish and meat. Fish and meat are preserved by drying or salting. I think such fish and meat are delicious. Preserved foods have some good points fresh foods don't have. So, we still enjoy eating preserved foods although it's not difficult for us to have fresh foods. ☐ d ☐

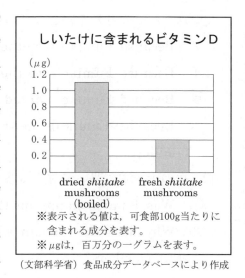

しいたけに含まれるビタミンD

（文部科学省）食品成分データベースにより作成

Now, we know that drying and salting are traditional ways to preserve foods. Do you know about freeze-drying? It's one of the ways of drying. Some foods preserved by freeze-drying are taken to space as foods for astronauts, for example, rice cakes. A rice cake is *mochi* in Japanese. ☐ e ☐ In space, astronauts can eat these rice cakes by adding water to them.

Freeze-drying is one of the many technologies astronauts need to live in space. I think this is very interesting. Someday many people may go to live in space. Thank you for listening.

(注) preserve 保存する　pickle 漬ける　effective 効果的な　knowledge 知識
dry 乾燥させる　salt 塩漬けにする　spoil 腐る　microorganism 微生物
propagate 繁殖する　technology 科学技術　fresh 新鮮な［生の］　difference 違い
shiitake mushroom しいたけ　graph グラフ　vitamin D ビタミンD　boil ゆでる
include 含む　*umami* compound うまみ成分　meat 肉　although ～　～だけれども
freeze-dry 凍結乾燥させる　astronaut 宇宙飛行士　add 加える

(1) 次の英文は，文中のa～eの ☐ のどこに入れるのが最も適当か。当てはまる符号を書きなさい。
A long time ago, it was difficult to get enough food in all seasons of the year.

(2) 下線部分Aについて，エリコがそのようになったのはなぜか。その理由を具体的に日本語で書きなさい。ただし，文末を「～から。」の形にすること。

(3) 下線部分Bについて，野菜を塩漬けにして水分を抜くとどのような効果があるか。その内容を具体的に日本語で書きなさい。

(4) 文中のCの（　）の中に入る最も適当なものを，次のア～エから一つ選び，その符号を書きなさい。
ア　So, we don't have to use preserved foods for cooking.
イ　We should use fresh foods because they are good for the health.
ウ　Science is better than traditional knowledge.
エ　But we still use preserved foods to cook some dishes.

(5) 下線部分Dについて，エリコがグラフから読み取った内容を，具体的に日本語で書きなさい。ただし，文末を「～こと。」の形にすること。

(6) 次の①～③の問いに対する答えを，それぞれ主語を含む3語以上の英文で書きなさい。
①　Does Eriko eat preserved foods every day?
②　What does Eriko think about dried or salted fish and meat?
③　In space, how can astronauts eat rice cakes preserved by freeze-drying?

(7) 本文の内容に合っているものを，次のア～オから一つ選び，その符号を書きなさい。
ア　Eriko bought very old *umeboshi* pickled in 1576 on the Internet.
イ　People in old times used drying and salting because they knew many things about microorganisms.
ウ　Drying and salting are traditional ways to preserve foods, and they can be explained with science.
エ　There is no difference between fresh *shiitake* mushrooms and dried *shiitake* mushrooms about *umami* compounds.
オ　Freeze-drying is one of the ways of drying, and we can use the technology only on the earth.

〔15〕次の英文を読んで，あとの(1)～(6)の問いに答えなさい。

　　　　Yuji and Midori are classmates at a junior high school in Niigata.　Mr. Sato is their English teacher.　Last week, Mr. Sato talked about closed schools in his English class. He said to the students, "There are many closed schools in Japan, and some of them are used for other purposes."　Yuji and Midori were surprised to hear that.　Mr. Sato continued, "In Japan, about five hundred schools become closed newly every year.　People around the schools are very sad.　And there are <u>other problems</u> after the schools become

A
closed.　For example, some families with children move to another town and the population gets smaller.　Now, it's getting popular to use closed schools all over Japan. I hear about seventy percent of them are used for many kinds of purposes.　Some are used as | offices, restaurants, nursing homes, hospitals, museums |, and so on.　Now, I'll give you homework to do.　Study more about closed schools and write a short speech about them in English."

　　　　In the next class, Yuji and Midori gave a speech.

【Yuji's speech】

> 　　　　I read about a closed school in a city near the sea.　It is now a popular aquarium. A lot of people, from children to old people, come to it.　People in the city support it. For example, the fishermen catch fish, and the aquarium gets the fish from them.　It has <u>a swimming pool with a lot of memories</u>.　School children once swam in it and
>
B
> had fun.　Today some fish are swimming there, and people enjoy watching them.　I think that its new history has started.

【Midori's speech】

> 　　　　Some schools have become hotels.　I'll talk about a good one near a mountain.　It is one of the most famous places in the town.　We can try some activities there.　In the morning, we can read books in the school library.　After lunch, we can make cakes in the cooking room.　Before we sleep, we can watch beautiful stars outside.　I'll go there with my family and stay for two days.
>
> 　　　　I think there are good points for using schools again.　People can save money to start a new business because they can use desks, chairs or rooms.　And starting a new business needs workers, so | 　　C　　 |.

　　　　After their speeches, Mr. Sato said, "You did great presentations about two places. Those places share some good points.　People in those places have started to use the closed schools again.　Their ways are different, but they both use the school buildings and nature very well.　Today some closed schools have more roles, and more people come from different places. They are people of different ages. Some people studied at those schools when they were young. Those schools are important places for them because they have a lot of memories there. They met and talked together in their school days. Now they feel happy to 　D　 together again there. We should not lose such places so easily."

　　There are closed schools in Niigata, too. Some of them are used, but others are not. We should use those schools more.

(注)　closed school　廃校　　purpose　目的　　newly　新たに　　population　人口
　　percent　パーセント　　nursing home　老人ホーム　　～, and so on　～など
　　aquarium　水族館　　fishermen　fisherman「漁師」の複数形　　swam　swimの過去形
　　worker　働き手　　role　役割

(1)　下線部分Aについて，その例として述べられている内容を，具体的に日本語で書きなさい。

(2)　次の英文は，下線部分Bについてのユウジ(Yuji)の考えをまとめたものです。X，Yの〔　　　〕の中に入るものの組合せとして，最も適当なものを，下のア～エから一つ選び，その符号を書きなさい。

〔　X　〕in the pool before, and now〔　Y　〕.

	X	Y
ア	Fishermen caught fish for the aquarium	the pool is used for showing some fish
イ	Fishermen caught fish for the aquarium	people can swim in the pool
ウ	School children enjoyed swimming	the pool is used for showing some fish
エ	School children enjoyed swimming	people can swim in the pool

(3)　文中のCの　　　　　の中に入る最も適当なものを，次のア～エから一つ選び，その符号を書きなさい。

　　ア　there are still some problems　　　イ　it helps people to get jobs
　　ウ　they have to study at school　　　エ　many people feel sad

(4)　文中のDの　　　　　に当てはまる内容を，3語の英語で書きなさい。

(5)　次の①～③の問いに対する答えを，それぞれ3語以上の英文で書きなさい。ただし，数字も英語のつづりで書くこと。

①　Were Yuji and Midori surprised when they knew some of closed schools in Japan were used for other purposes?

②　How many schools become closed newly in Japan every year?

③　According to Midori, what can people do at the hotel before they sleep?

(6)　本文中の　　　　　の廃校の活用例について，あなたはどのように考えますか。　　　　　の offices, restaurants, nursing homes, hospitals, museums から一つ選んで〔　　〕の中に書き，それに続けて3行以内の英文で書きなさい。

【 問題の使用時期 】

□模試の実施月一覧
「新潟県統一模試」で出題された実施月を一覧表にまとめました。練習をすすめる際の参考に
してください。

□問題の使用時期
　・模試実施月の前後1か月の期間に使用するのが標準的な使用方法です。
　・ただし、不得意なものは、〔1〕の問題から始めるのも効果的です。
　・また、得意なものであれば実施月よりも2か月程度前から始めることも可能です。

放送問題	〔1〕	〔2〕	〔3〕	〔4〕	〔5〕
	9月	12月	12月	1月	1月
	〔6〕	〔7〕			
	2月	2月			
条件英作文	〔1〕～〔19〕				
	順次練習してください。				
	〔20〕	〔21〕	〔22〕	〔23〕	
	11月	12月	2月	2月	
対話文読解	〔1〕	〔2〕	〔3〕	〔4〕	〔5〕
	4月	5月	7月	7月	8月
	〔6〕	〔7〕	〔8〕	〔9〕	〔10〕
	9月	10月	11月	11月	12月
	〔11〕	〔12〕	〔13〕	〔14〕	〔15〕
	12月	1月	1月	2月	2月
長文読解	〔1〕	〔2〕	〔3〕	〔4〕	〔5〕
	4月	8月	8月	8月	10月
	〔6〕	〔7〕	〔8〕	〔9〕	〔10〕
	10月	11月	11月	12月	12月
	〔11〕	〔12〕	〔13〕	〔14〕	〔15〕
	12月	1月	2月	2月	2月

受験生の皆様へ

● この問題集は,令和7・8年度の受験生を対象として作成したものです。

● この問題集は,「新潟県統一模試」で過去に出題された問題を,分野や単元別にまとめ,的をしぼった学習ができるようにしています。
特定の教科における不得意分野の克服や得意分野の伸長のためには,同種類の問題を集中的に練習し,学力を確かなものにすることが必要です。

● この問題集に掲載されている問題の使用可能時期について,問題編巻末の「問題の使用時期」にまとめました。適切な時期に問題練習を行い,詳しい解説で問題解法の定着をはかることをおすすめします。

※問題集に誤植などの不備があった場合は,当会ホームページにその内容を掲載いたします。以下のアドレスから問題集紹介ページにアクセスしていただき,その内容をご確認ください。

https://t-moshi.jp

令和7・8年度受験用　新潟県公立高校入試　入試出題形式別問題集　英語（問題編）

2024年7月1日　　第一版発行

監　修　新潟県統一模試会
発行所　新潟県統一模試会
　　　　新潟市中央区弁天 3-2-20 弁天 501 ビル 2F
　　　　〒950-0901
　　　　TEL 0120-25-2262
発売所　株式会社 星雲社（共同出版社・流通責任出版社）
　　　　東京都文京区水道 1-3-30
　　　　〒112-0005
　　　　TEL 03-3868-3275
印刷所　株式会社 ニイガタ

新潟県公立高校入試
入試出題形式別問題集
英　語

解答・解説

新潟県統一模試会 監修

目　　次

〔1〕

《解答》

(1)1　ア　2　ウ　3　ア　4　エ　　(2)1　ウ　2　エ　3　ア　4　イ

(3)1　best　2　tea　3　sleeping　4　C

《解説》

(1)1　「ナンシーの仕事は何ですか」という質問。ナンシーは病院で働いていて，そこで病人の世話をするので，ア「看護師」が適切となる。

　2　「ケンは何時に学校に着きますか」という質問。ケンは7時45分に家を出て，学校まで20分間歩くので，学校到着時刻は8時5分となる。

　3　「だれが3人の中で一番背が高いですか」という質問。ベスはヨウコより背が高く，ヨウコはアケミより背が高いので，一番背が高いのはベスということになる。

　4　「今度の土曜日に，ユウジは文化祭で何をするでしょうか」という質問。ユウジのクラスは音楽室で英語の歌を歌い，姉〔妹〕のクラスは体育館でダンスをする予定である。

(2)1　「彼らは今，何をしていますか」という質問。パンダが写っている写真を見て，会話をしている。

　2　「アユミは今，何歳ですか」という質問。アユミは4歳のときにピアノをひき始め，11年間ずっとピアノをひいているので，今は15歳ということになる。

　3　「ジロウの問題は何ですか」という質問。ジロウは家で宿題を終えたあとにかばんに辞書を入れたと思っていたが，かばんの中には辞書はない。ア「彼は辞書を見つけられません」が適切となる。

　4　「昼食後，彼らは最初にどの階に行く予定ですか」という質問。まず昼食を食べ，そのあとにトムへのシャツを買い，その後にケーキを買うことにした。フロア案内図より，紳士服は3階で売っている。

(3)1　「ホワイト先生は，自分の生徒たちに家でくつろぐ最良の方法についてたずねました」　放送文で，What is the best way for you to relax at home?と言っている。

　2　「ホワイト先生の一番好きなくつろぎ方は，夕食後に紅茶を飲むことです」　放送文で，My favorite way to relax at home is drinking tea after dinner.と言っている。

　3　「彼女は，よく眠ることは健康によいと考えています」　放送文で，Sleeping well was more popular than playing games. You should sleep well. I think this is good for your health.と言っている。

　4　放送文より，「音楽を聞く」と答えた生徒は10人以上，「お風呂に入る」と「ゲームをする」が同程度，「よく眠る」は「ゲームをする」より人気がある，「紅茶を飲む」を選んだ生徒は0人ということがわかる。これらの条件に合うグラフはCとなる。

《放送文》

(1)1 Nancy works at the hospital near the school. She takes care of sick people there.

Question : What is Nancy's job?

2 Ken leaves his house at 7:45. He walks to school for twenty minutes.

Question : What time does Ken arrive at school?

3 Beth, Akemi, and Yoko are good friends. They are members of the basketball team. Beth is

taller than Yoko. Yoko is taller than Akemi. Akemi is the best player.

Question : Who is the tallest of the three?

4 There will be a school festival next Saturday. Yuji's class will sing English songs in the

music room. His sister's class will dance in the gym. They are practicing hard every day.

Question : What will Yuji do at the festival next Saturday?

(2)1 A : Ann, look at this picture.

B : Wow! These pandas are very cute.

A : My father took it in China.

B : Really? I want to visit there someday.

Question : What are they doing now?

2 A : I listen to music in my free time. How about you, Ayumi?

B : I play the piano. I started playing the piano when I was four.

A : So you have played the piano for eleven years, right?

B : That's right.

Question : How old is Ayumi now?

3 A : I thought I put my dictionary in my bag after doing my homework at home yesterday.

But the dictionary isn't in my bag.

B : Do you need it in your next lesson, Jiro?

A : Yes, I'll need it, Ellen.

B : You can use mine. I will not use my dictionary in my next lesson.

A : Oh, really? Thank you, Ellen.

Question : What is Jiro's problem?

4 A : This department store sells a lot of things.

B : What shall we buy for Tom's birthday? How about a shirt or a bag?

A : I hear he got a new bag. So, let's go to see men's clothes first.

B : Sure. He likes cake, too. Let's buy some for him after that. Oh, it's about noon. Let's

have lunch before shopping.

A : OK.

Question : Which floor are they going to go first after lunch?

(3)   Hello, everyone. In the last class I asked you, "What is the best way for you to relax at home?" There are thirty-three students and I got answers from all of you.

Well, for over ten students, listening to music was the best way to relax. And, taking a bath was as popular as playing games. My favorite way to relax at home is drinking tea after dinner. But, no student answered drinking tea as the best way. Sleeping well was more popular than playing games. You should sleep well. I think this is good for your health.

Your answers were interesting for me. Thank you.

〔2〕

《解答》

(1)1　エ　2　ウ　3　イ　4　ウ　　(2)1　イ　2　ウ　3　ア　4　エ

(3)1　three　2　hard　3　woman　4　happy

《解説》

(1)1　「これは何ですか」という質問。「これは機械です。それを使って，別の場所にいるだれかと話すことが
　　できます」という内容から，エ「電話」が適切となる。

　2　「ジュディは昨夜，何時に映画を見終えましたか」という質問。映画を8時から3時間見たので，見終
　　えたのは11時ということになる。

　3　あなたの友人のトムは，少し難しい英語の本を読んでいるあなたに「手伝いましょうか」と言います。
　　あなたがトムに次に言うことばとして「はい，お願いします」が適切となる。

　4　「今，家でのタロウの仕事は何ですか」という質問。タロウは小さなころは犬にエサをやっていたが，
　　今の仕事は部屋のそうじである。

(2)1　「ケイコはけさ，トーストを食べましたか」という質問。ケイコはふつう朝食にトースト，牛乳，バナ
　　ナをとるが，けさは遅く起きて時間がなかったので牛乳とバナナだけをとった。

　2　「男性はいくらお金を使うでしょうか」という質問。Tシャツは1枚3000円だが，2枚買うと各2500円
　　となる。男性は黄色いTシャツに追加して青いTシャツも買うので，2500円のTシャツを2枚買うこと
　　になる。

　3　「ニックはどのグループに入っていますか」という質問。ニックのグループは今週は音楽室，来週は職
　　員室のそうじ当番になっているので，Aグループが当てはまる。

　4　「なぜサムはふとんがついたテーブルについて知りたいと思いましたか」という質問。サムはインター
　　ネットで日本にいる兄〔弟〕のマークと話したとき，マークの部屋にあるコタツを見て，それに興味を持っ
　　た。

(3)1　「ソノコは先週，スーパーマーケットでどのくらいの間働きましたか」という質問。I worked there（＝
　　at the supermarket) for three days last week.と言っている。

　2　「職場体験の最初の日に，仕事はソノコにとってどうでしたか」という質問。The work there was
　　very hard, and …と言っている。

　3　「だれがほほえんでソノコに『大丈夫ですか』と言いましたか」という質問。One woman who was
　　working there said to me with a smile, "You look tired.　Are you all right?"と言っている。

　4　「職場体験からソノコは何を学びましたか」という質問。A smile has power.　It can make people
　　happy.と言っている。

(1)1　This is a machine.　With it, you can talk with someone in another place.

Question : What is this?

2　Judy usually goes to bed at ten.　But last night, she went to bed after she watched a movie from eight o'clock for three hours.　So she is tired today.

Question : What time did Judy finish watching the movie last night?

3　You are reading an English book in the school library.　It's a little difficult.　Your friend Tom says to you, "Shall I help you?"

Question : What will you say to Tom next?

4　Everyone in Taro's family has some work in his house.　His mother cooks and his father does the shopping.　Cleaning the rooms is Taro's work.　When he was a little boy, he gave food to their dog.　His sister Kaori does it now.

Question : What is Taro's work at home now?

(2)1　A : I usually have *miso* soup, rice and fish for breakfast with my host family.

B : Oh, that's Japanese breakfast, Fred.　I usually have toast, milk and a banana.　But this morning, I had only milk and a banana.

A : Why?　Did you get up late, Keiko?

B : Yes.　I wanted to have toast, too.　But I had no time for it.

Question : Did Keiko have toast this morning?

2　A : May I help you?

B : Yes.　I want to buy a new T-shirt.　I need a large one.

A : How about this yellow one?

B : Oh, that's nice.　I'll buy this one.　How much is it?

A : It's 3,000 yen, but if you buy two, each T-shirt will be 2,500 yen.　We have other colors. White, red and blue.

B : Then, I'll buy a blue one, too.

Question : How much money will the man use?

3　A : Hanako, which room should I clean next week?

B : Look at this.　Nick, your group is cleaning the music room this week.　Next week your group will clean the teachers' room.

A : Thank you, I understand.　Hanako, which group are you in?

B : I'm in group C.　This week we are cleaning our classroom.　So next week we will clean the library.

A : I see. Students usually don't clean their school in America. But I enjoy doing it here in Japan.

B : That's good.

Question : Which group is Nick in?

4 A : Hi, Nozomi. I want to ask you about something from Japan. I have never seen it here in Canada.

B : Hi, Sam. What is it?

A : My brother, Mark studies in Japan now. I talked with him on the Internet last night. I saw a table with a *futon* on it in his room. What is that? I was interested in it.

B : It's called a *kotatsu*. It is very warm. In Japan, many people use it every winter.

A : That's interesting. Next month, I'm going to go to Japan to see Mark. I want to know a lot about Japan.

B : Wonderful!

Question : Why did Sam want to know about a table with a *futon* on it?

(3) Hello, everyone. I'm going to talk about my experience at a supermarket. I worked there for three days last week. Before that experience, I thought, "I'm not good at talking to other people. I don't think I can do this work well."

On the morning of the first day, my mother said to me, "Don't forget to smile when you work, Sonoko." But I was nervous and didn't smile at the supermarket. The work there was very hard, and I was very tired. One woman who was working there said to me with a smile, "You look tired. Are you all right?" When I saw her smile, I remembered my mother's words.

On the second day, I smiled and said, "Hello," and "Thank you very much," to many people. Then they smiled at me, too. They looked happy. I learned an important thing from that experience. A smile has power. It can make people happy.

Question 1 How long did Sonoko work at the supermarket last week?

        2 How was the work for Sonoko on the first day of the experience?

        3 Who said to Sonoko with a smile, "Are you all right?"

        4 What did Sonoko learn from the experience?

〔3〕

《解答》

(1)1　イ　2　エ　3　イ　4　ア　　(2)1　イ　2　ウ　3　エ　4　ウ

(3)1　fifteen　2　nervous　3　week　4　art

《解説》

(1)1　「これは何ですか」という質問。ニュースを知りたいときに読むものなので，イ「新聞」が適切となる。

2　「あなたはアンに何と言うでしょうか」という質問。あなたはアンにアップルパイを作り，アンはパイを食べてみて「これはおいしい」とあなたに言う状況。それに対して，エ「あなたがそれを気に入ってくれてうれしい」と言うのが適切となる。

3　「ジェイクは何か国語を話せますか」という質問。ジェイクは英語，中国語，日本語を話せるので，3か国語を話せることになる。

4　「マサコによれば，どれが彼女の町を訪れるのに最もよい季節ですか」という質問。マサコは，それぞれの季節を楽しめると言っているが，最後にBut I think spring is the best season to visit because ….と言っている。

(2)1　「エミリーは沖縄に5日間滞在しましたか」という質問。エミリーは，沖縄に2日間しかいなかったので，5日間滞在したかったと言っている。

2　「コンサートは何時に終わるでしょうか」という質問。明日2時にコンサートがあり，それは2時間の長さなので，終わるのは4時ということになる。

3　「だれがフレッドにカレーの作り方を教えましたか」という質問。フレッドの祖母（＝grandmother）が教えてくれた。

4　「女性はどの本屋に行こうとしていますか」という質問。アオバ駅前のメイン通りを進んで二つ目の信号で右に曲がり，通りを進んでいくと左側に書店（ヒノデ書店）がある。

(3)1　「セイジはいつニュージーランドに行きましたか」という質問。放送文で，I joined a program for students and went to New Zealand. At that time, I was fifteen years old.と言っている。

2　「トムと最初に話したとき，セイジはどのように感じましたか」という質問。放送文で，At first, when I talked with him, I felt nervous because I was afraid of speaking English.と言っている。

3　「トムは日本にどのくらいの間，滞在するでしょうか」という質問。放送文で，He's going to come to Japan next month. He will stay here for one week.と言っている。

4　「トムが日本に来るとき，セイジとトムは何をするでしょうか」という質問。放送文で，He loves art, so we will go to the art museum.と言っている。

《放送文》

(1)1　When you want to get some news, you read this.

　　Question : What is this?

　2　You made an apple pie for Ann.　Ann eats some and says to you, "This is good."

　　Question : What will you say to Ann?

　3　Jake came to Japan from Canada five years ago.　He teaches English at a junior high

　　school.　He can speak English, Chinese and Japanese.　He likes Japanese food.

　　Question : How many languages can Jake speak?

　4　I'm Masako.　I live in a small town.　You can enjoy each season in my town.　Every

　　summer a lot of people come to our town for swimming.　In winter, you can eat delicious fish.

　　But I think spring is the best season to visit because you can see many beautiful birds.

　　Question : According to Masako, which is the best season to visit her town?

(2)1　A : Emily, how was your trip to Okinawa?

　　B : It was great, but I was there for only two days.　I wanted to stay for five days.

　　A : Oh, I understand.

　　Question : Did Emily stay in Okinawa for five days?

　2　A : Ayumi, there will be a concert in Midori Park at two o'clock tomorrow.　Do you want to

　　　　go with me?

　　B : Well, Mark, I want to go, but I have to get home before six o'clock.

　　A : The concert is two hours long.　It takes one hour from the park to your house by bus.

　　　　So you can get home before six o'clock.

　　B : That's great, Mark.

　　Question : What time will the concert finish?

　3　A : Hi, Emi.　Are you cooking now?

　　B : Yes, Fred.　I'm making curry and rice.　I sometimes help my mother cook.

　　A : Well, I want to help you.　I can make curry, too.

　　B : Thank you.　How did you learn that?

　　A : My grandmother taught me.　I want to be better at cooking like her.

　　Question : Who taught Fred how to cook curry?

　4　A : Excuse me.　I want to go to a bookstore.

　　B : Well, there are two bookstores near here.

　　A : I want to buy foreign books.

　　B : OK.　You can buy them at Hinode Bookstore.　From Aoba Station, go down this street and turn right at the second traffic light. Then go along the street and you'll find Hinode Bookstore on your left. It's next to a flower shop.

A : Thank you.

Question : Which bookstore is the woman going to?

(3) I joined a program for students and went to New Zealand. At that time, I was fifteen years old. In New Zealand, I met Tom at school. At first, when I talked with him, I felt nervous because I was afraid of speaking English. But he was very kind to me. Soon I began to feel happy when I talked with him. About three weeks later, I went shopping with his family. I enjoyed talking with them, too.

Now I'm in Japan. Tom studies Japanese in New Zealand. He's going to come to Japan next month. He will stay here for one week. He loves art, so we will go to the art museum. I hope he will have a good time in Japan.

Question 1 When did Seiji go to New Zealand?

2 How did Seiji feel when he talked with Tom at first?

3 How long is Tom going to stay in Japan?

4 What will Seiji and Tom do when Tom comes to Japan?

〔4〕

《解答》

(1)1　ウ　2　イ　3　エ　4　ウ　　(2)1　ア　2　ウ　3　エ　4　イ

(3)1　August　2　Japanese　3　best　4　abroad

《解説》

(1)1　「これは何ですか」という質問。教室で見られて，その上にすわることができる物なので，ウ「いす」が適切。

　　2　「なぜケイトは日本語を一生懸命に勉強していますか」という質問。<u>She wants to make a lot of Japanese friends</u>, so she is studying Japanese very hard.を聞き取る。

　　3　「タクミのサッカーチームは他校のサッカーチームといつ試合をしましたか」という質問。練習日は火曜日と金曜日の放課後で，他校のチームとの試合は土曜日か日曜日にあった。

　　4　「ナンシーは京都にどのくらいの間滞在しましたか」という質問。ナンシーは11月3日に京都を訪れ4日間滞在する予定だったが，京都を気に入り計画を変更して，11月9日に京都を離れた。

(2)1　「サムは今までヤスコに会ったことがありますか」という質問。サムは3年前にヤスコと会ったと言っているので，会ったことがあることになる。

　　2　「ベスとマークはジェーンを訪ねる前にどこに行くでしょうか」という質問。2人は入院中のジェーンに会う前に，駅の近くの花屋に行くことにした。

　　3　「アンディのよいニュースとは何ですか」という質問。アンディはI have great news.と言ったあとに，I won the tennis tournament yesterday.と続けている。

　　4　「どの少年がケンジですか」という質問。黒いTシャツを着ているのがサトル（ウ），ネコを抱えているのがオサム（ア）。ケンジは手にバッグを持っているのでイの少年となる。

(3)1　「ノゾミは家族といっしょにいつアメリカに行きましたか」という質問。放送文で，Last <u>August</u>, I went to America with my family.と言っている。

　　2　「ノゾミはどのようにしてニューヨークの有名な場所についてもっと学びましたか」という質問。放送文で，She told us about the place in <u>Japanese</u>, so I could learn more about it.と言っている。

　　3　「ノゾミの町の神社で，旅行者たちは何を知りたがっていましたか」という質問。放送文で，When some of them asked me, "Will you tell us the <u>best</u> place for taking pictures of the shrine?"，….と言っている。

　　4　「ノゾミは何をしようとしていますか」という質問。放送文で，I thought it would be important to understand what the needs of people from <u>abroad</u> are. Now I'm trying to understand the things they need.と言っている。

(1)1　We can see this in the classroom.　We can sit down on it.

　　Question : What is this?

　2　Kate, a student from New Zealand, has been in Japan for five months.　She wants to make a lot of Japanese friends, so she is studying Japanese very hard.

　　Question : Why is Kate studying Japanese hard?

　3　Takumi was a member of his school's soccer team.　He practiced soccer after school on Tuesdays and Fridays.　They often had games with other schools' soccer teams on Saturdays or Sundays.

　　Question : When did Takumi's soccer team have games with other schools' soccer teams?

　4　Nancy visited Kyoto on November 3rd and she was going to stay there for four days.　But she loved the old city very much, so she changed her plans and left Kyoto on November 9th.

　　Question : How long did Nancy stay in Kyoto?

(2)1　A : Sam, that is my sister Yasuko.

　　B : Oh, really?　When I met her three years ago, she was a little girl.　She has changed a lot.

　　A : She is eleven years old now.

　　Question : Has Sam ever met Yasuko?

　2　A : I'm going to go to the hospital to see Jane.　Do you want to see her, too, Beth?

　　B : Yes, Mark.　Let's go to the flower shop near the station to buy flowers for her.

　　A : That's a good idea.　After visiting Jane, I want to go to the bookstore.

　　B : I want to go there, too.

　　Question : Where will Beth and Mark go before visiting Jane?

　3　A : Hi, Andy.　You look so happy.

　　B : Hi, Yumi.　I have great news.　I won the tennis tournament yesterday.

　　A : Oh, really?　I didn't know you were a good tennis player.

　　B : I have played tennis for ten years.　Let's play tennis next weekend in the park.

　　A : Sure.

　　Question : What is Andy's good news?

　4　A : Satoru, you are wearing a black T-shirt in this picture.　Who is the boy holding the cat?

　　B : That is Osamu.　He is one of my classmates.

　　A : Is this boy Kenji?　I heard he was a member of the baseball team.

　　B : Oh, that's Kenji's brother.　Kenji has a bag in his hand.

A : I see.

Question : Which boy is Kenji?

(3) Last August, I went to America with my family. When we visited New York, we met a volunteer guide at a famous place. She told us about the place in Japanese, so I could learn more about it. Now, I'm in a volunteer group to help tourists that are visiting my town. One day, I went to one of the old shrines and told people about its history in English. When some of them asked me, "Will you tell us the best place for taking pictures of the shrine?", I couldn't answer the question well. I thought it would be important to understand what the needs of people from abroad are. Now I'm trying to understand the things they need.

Question 1 When did Nozomi go to America with her family?

2 How did Nozomi learn more about the famous place in New York?

3 At the shrine in Nozomi's town, what did the tourists want to know?

4 What is Nozomi trying to do?

〔5〕

《解答》

(1)1　ウ　2　ア　3　エ　4　エ　　(2)1　イ　2　ウ　3　イ　4　ウ

(3)1　three　2　art　3　picture　4　interested

《解説》

(1)1　「それらは何ですか」という質問。寒いときに手につけるものなので，ウの手袋が適切となる。

　2　「ナンシーはいつ祖母を訪ねますか」という質問。every summer「毎年の夏に」

　3　「だれがトムにカレーライスの作り方を教えましたか」という質問。Tom learned how to cook curry and rice <u>from his mother.</u>を聞き取る。「母から学んだ」→「母が教えた」

　4　「マモルは夏休みの前に，どこで水泳の練習をしましたか」という質問。夏休み前は学校のプールで練習し，夏休み中には海に泳ぎに行った。

(2)1　「ジロウは今までに大阪の兄〔弟〕を訪ねたことがありますか」という質問。ジロウはIt will be my first time to see him there(＝in Osaka).と言っている。

　2　「明日の午前中にアキコは何をするでしょうか」という質問。テッドは「明日いっしょにテニスをしたい？」と誘っている。アキコは「午前中はピアノを練習するので，午後に行きましょう」と答えている。

　3　「今朝の天気はどうでしたか」という質問。午前中は曇りだったが，今は雨が降っている。

　4　「生花店はどこにありますか」という質問。メアリーは学校から生花店への行き方をケンタに聞いている。ケンタがした説明は次のようになる。「右側に公園が見えるがまっすぐ歩き続ける」→「左側にレストランが見えたら右に曲がる」→「左側に見える最初の店が書店で，生花店はその隣にある」

(3)1　「ワタルの母親は1週間に何日，図書館で働いていますか」　放送文で，She works at a library <u>on Tuesdays, Thursdays, and Saturdays.</u>と言っている。火曜日，木曜日，土曜日で週に3日となる。

　2　「ワタルは図書館で何の本を借りたいと思いましたか」　放送文で，I want to borrow a book about American <u>art.</u>と言っている。

　3　「いつワタルの母親は彼を手伝いましたか」　放送文で，She was reading a <u>picture</u> book to children. After she finished it, I asked my mother, "Can you help me?… "と言っている。

　4　「ワタルの母親はより多くの子どもたちにどうしてほしいと思っていますか」　放送文で，I hope more children will become <u>interested</u> in books.と言っている。

《放送文》

(1)1　When it is cold, you wear them on your hands.

Question : What are they?

2　Every summer, Nancy and her family visit her grandmother in America. They sometimes go skiing in Canada during winter. Next spring, they will go to Brazil.

Question : When does Nancy visit her grandmother?

3　Tom learned how to cook curry and rice from his mother. Tom usually cooks it when he is free on Sundays. Sometimes, his sister helps him. His father likes to eat his curry and rice.

Question : Who taught Tom how to cook curry and rice?

4　Mamoru wasn't good at swimming, so before the summer vacation, he practiced a lot in the pool at his school. During the summer vacation, he went swimming in the sea with his friends. Now he can swim well, so he feels happy.

Question : Where did Mamoru practice swimming before the summer vacation?

(2)1　A : Hi, Jiro. Are you going to visit your brother in Osaka during the winter vacation?

B : Yes, Ellen. It will be my first time to see him there.

Question : Has Jiro ever visited his brother in Osaka?

2　A : Hi, Akiko. Do you want to play tennis with me tomorrow?

B : Sure, Ted. I'll practice the piano in the morning, so let's go in the afternoon.

A : OK. I'll study Japanese in the morning then. Do you think Ken wants to come with us?

B : No, I don't think so. He has been sick since yesterday.

Question : What will Akiko do tomorrow morning?

3　A : It's cold today, Lisa.

B : Yes. It was cloudy this morning, but it's raining now.

A : I hope it will be sunny tomorrow because we will play soccer. What does the news say?

B : Wait a minute. Oh, it says it will be snowy tomorrow!

Question : How was the weather this morning?

4　A : Can you tell me the way to the flower shop from our school, Kenta?

B : Sure, Mary. First, you will see the park on your right, but keep walking straight.

A : And then?

B : When you see the restaurant on your left, turn right. The first store you see on your left is the bookstore. The flower shop is next to it.

A : Thank you.

Question : Where is the flower shop?

(3)　My mother loves reading books and usually reads about four books in a week. She works at a library on Tuesdays, Thursdays, and Saturdays. Last Saturday, I went to the library to borrow a book. Then I saw my mother there. She was reading a picture book to children. After she finished it, I asked my mother, "Can you help me? I want to borrow a book about American art." Then, she helped me and I borrowed one quickly. I said, "Thank you for helping me." My mother answered, "You're welcome. It's a part of my job here. Reading books to children is my favorite part. I hope more children will become interested in books." My mother enjoys her job at the library. I'm happy to know that.

Question　1　How many days does Wataru's mother work at the library in a week?

2　What book did Wataru want to borrow at the library?

3　When did Wataru's mother help him?

4　What does Wataru's mother want more children to do?

〔6〕

《解答》

(1)1　ウ　2　イ　3　ア　4　エ　　(2)1　イ　2　エ　3　ウ　4　ウ

(3)1　No, she did not〔didn't〕.　2　He will teach music (there).

《解説》

(1)1　「イトウさんは今日，何時に帰宅しましたか」という質問。イトウさんはふつう6時30分に帰宅するが，今日は午後に雪がたくさん降ってバスが遅れたために，7時に帰宅した。

　2　「マークの母親は彼に何と言うでしょうか」という質問。マークはテレビゲームをしているが，母親はマークはその前に宿題をするべきだと考えているので，イ「あなたは今，それをプレーするべきではありません」とするのが適切である。

　3　「マサキは昨日，家で何冊の本を読みましたか」という質問。書店で3冊の本を買って，入浴後にそのうちの1冊を読んだ。

　4　「だれが夏がいちばん好きですか」という質問。ヒロコは冬が，彼女の父母は秋が，兄〔弟〕は夏がいちばん好きである。

(2)1　「リサは今日の午後，映画を見に行けますか」という質問。ケンジはエレンにリサを映画に誘ったか聞いたが，エレンは彼女は行けないと答えた。

　2　「ケイコはなぜそんなに幸せそうなのですか」という質問。ケイコはI won the English speech contest yesterday.と言っている。

　3　「タロウは何をするでしょうか」という質問。タロウはスティーブに電話をかけたが，スティーブの家族の女性が受けて，スティーブは不在だと言った。「伝言を受けましょうか。それとも彼の祖父の家に電話をかけたいですか」と聞かれたタロウは，I'll call him again tomorrow.と答えている。

　4　「どれが市営公園にいちばん近い駅ですか」という質問。市営公園への行き方をたずねられたBは，次のように説明している。今いる駅はヘイワ駅で，the Chuo Lineに乗ってアオバ駅に行き，そこで乗り換える。the Kita Lineに乗って，2つ目の駅で降りる。すぐに市営公園に着く。したがって，市営公園にいちばん近い駅はウとなる。

(3)1　「ユミはスミス先生の英語の授業でゲームをすることがいちばん好きでしたか」　放送文で，But I liked learning about Australia the best.と言っているので，Noの答えとなる。

　2　「スミス先生は彼の国で何をするでしょうか」　放送文で，ユミはスミス先生に対してYou've told us that you will teach music at a school in your country.と言っている。

《放送文》

(1)1　Mr. Ito usually gets home at six thirty.　But it snowed a lot this afternoon, so his bus was late.　He got home at seven.

　　Question : What time did Mr. Ito get home today?

　2　Mark is playing a video game in his room.　His mother thinks he should do his homework before playing it.

　　Question : What will Mark's mother say to him?

　3　Yesterday Masaki studied math with his friends in the library after school.　Then he bought three books at a bookstore, and he went home.　He watched TV for two hours before taking a bath.　After that, he read one of the books.

　　Question : How many books did Masaki read at home yesterday?

　4　Hiroko likes winter sports like skiing, so her favorite season is winter.　Her father and mother like fall the best because they can eat many kinds of fruits.　Her brother likes summer the best because he likes to swim in hot weather.

　　Question : Who likes summer the best?

(2)1　A : Hi, Kenji.　Can you come and see a movie with me this afternoon?

　　B : Sure, Ellen.　Did you ask Lisa?

　　A : Yes, but she can't come.

　　Question : Can Lisa go and see a movie this afternoon?

　2　A : Hi, what's up, Keiko?　You look so happy.

　　B : Yes, Mark.　I won the English speech contest yesterday.　I practiced hard with my teacher.

　　A : That's great!

　　Question : Why does Keiko look so happy?

　3　A : Hello.

　　B : Hi, this is Taro speaking.　May I speak to Steve?

　　A : I'm sorry, but he is not at home now.　He is at his grandfather's house.　He will stay with his grandfather today.　Can I take a message?　Or do you want to call his grandfather's house?

　　B : That's OK.　I'll call him again tomorrow.

　　Question : What will Taro do?

　4　A : Excuse me.　Could you tell me how to get to City Park?

　　B : Sure.　Now we are at Heiwa Station.　Take the Chuo Line to Aoba Station, and change trains there.

A : Which line should I take from Aoba Station, the Kita Line or the Midori Line?

B : Take the Kita Line.　Then get off at the second station.　You'll get to City Park soon.

A : I see.　Thank you very much.

Question : Which is the nearest station to City Park?

(3)　Mr. Smith, we really enjoyed your classes.　Singing the English songs and playing games in your classes were fun.　But I liked learning about Australia the best.　You told us about many nice places in your country.　Also, you often played basketball with our team after school. When we were practicing basketball, I had a chance to talk with you in English.　You've told us that you will teach music at a school in your country.　Good luck and see you again. Thank you.

Question 1　Did Yumi like playing games the best in Mr. Smith's English classes?

　　　　　2　What will Mr. Smith do in his country?

〔7〕

《解答》

(1)1　エ　2　イ　3　ウ　4　イ　　(2)1　エ　2　ウ　3　ア　4　イ

(3)1　No, it will not〔won't〕.　2　She can enjoy shopping（there）.

《解説》

(1)1　「これは何ですか」という質問。運転して，多くの場所に行くために使う物なので，エの「自動車」が適当となる。

2　「サヤカは今日，何を買う予定ですか」という質問。サヤカは果物が必要なので，今日の午後に買うつもりである。クッキーとケーキは昨日サヤカが作っており，花は友人たちが明日持ってくる。

3　「ケイコは今晩，どこに行くでしょうか」という質問。ケイコの父は仕事の後に駅の近くの病院に行き，母は会社で7時まで働くので，ケイコは祖母の家に夕食を食べに行く予定である。

4　「マークの家から湖までどのくらいかかりましたか」という質問。It took <u>one hour</u> from their house to the lake.を聞き取る。

(2)1　「ジムは今までに剣道を練習したことがありますか」という質問。ジムは子どものころから柔道を練習してきたが，今は剣道を始めることを計画している。剣道はまだやってみたことがないので，Noの答えとなる。

2　「何時に次のバスは来るでしょうか」という質問。今は9時30分で，今から15分で次のバスが来るので，次のバスが来る時間は9時45分となる。

3　「メアリーはどのようにしてそのボランティア活動に参加しましたか」という質問。メアリーはDid you call the volunteer center or have an interview to join in?とたずねられて I had to <u>send an e-mail to the center</u>.と答えている。sentはsendの過去形。

4　「どこでマサトとジェーンは電車を乗り換えるでしょうか」という質問。2人はチュウオウ駅に行くつもりである。乗っている電車は，ナカマチ駅に着く前にヘイワ駅でしか停車しない。チュウオウ駅に行くには，次の駅(＝<u>ヘイワ駅</u>)で乗り換えることになる。

(3)1　「今日は公演は2時10分に始まるでしょうか」　放送文で，The performance usually starts at 2:10, but today the starting time will be fifty minutes late because of some problems with the stage.と言っている。通常は公演は2時10分開始だが，問題が発生して50分開始が遅れるので，Noの答えとなる。

2　「2階でアヤコは何をすることができますか」　放送文で，On the second floor, you can <u>enjoy shopping</u>.と言っている。

(1)1　People drive these.　We use it to go to many places.

　　　Question : What is this?

　2　Sayaka is going to have a party at her house tomorrow.　Yesterday, she made cookies and

　　　a cake.　She needs some fruit, so she will buy some this afternoon.　Her friends will bring

　　　flowers to the party tomorrow.

　　　Question : What is Sayaka going to buy today?

　3　Keiko's father has to go to the hospital near the station after work today.　Keiko's mother

　　　will work until seven o'clock at her office.　So, Keiko will go to her grandmother's house to

　　　have dinner this evening.

　　　Question : Where will Keiko go this evening?

　4　Last Sunday Mark and his brother went to a beautiful lake.　It took one hour from their

　　　house to the lake.　They walked around the lake for thirty minutes.　Then they saw two of

　　　their friends.　Mark and his brother decided to play tennis with them.　They had a good time.

　　　Question : How long did it take from Mark's house to the lake?

(2)1　A : I like *kendo* the best of all sports.

　　　B : Oh, really?　My brother, Jim, has practiced *judo* since he was a child.　Now he plans to

　　　　　start doing *kendo*.　He has never done it before.

　　　A : Oh, your brother is very interested in Japanese sports.

　　　Question : Has Jim ever practiced *kendo*?

　2　A : Excuse me.　What time is it now?

　　　B : Well, it is nine thirty.

　　　A : When is the next bus?

　　　B : Fifteen minutes from now.

　　　Question : What time will the next bus come?

　3　A : Hi, Ken.　Yesterday, I cleaned the river as a volunteer.　I had a good time.

　　　B : Really?　How did you find out about it, Mary?

　　　A : I saw some volunteers when I went to the river last month.

　　　B : Did you call the volunteer center or have an interview to join in?

　　　A : I had to send an e-mail to the center.

　　　Question : How did Mary join the volunteer work?

　4　A : Our train has just left Kita Station.　We will be at Chuo Station in twenty minutes.

　　　B : Can we get there without changing trains, Masato?

A : No, Jane. This train only stops at Heiwa Station before arriving at Nakamachi Station.

B : Then, how will we get to Chuo Station?

A : We will change trains at the next station.

B : OK.

Question : Where will Masato and Jane change trains?

(3) We'll arrive at the Dream Theater soon. The performance usually starts at 2 : 10, but today the starting time will be fifty minutes late because of some problems with the stage. You'll have some free time before the performance. On the second floor, you can enjoy shopping. If you want to learn about the history of the theater, go to the third floor. Now, I'll give you the tickets. Enjoy your free time and the performance!

Question 1 Will the performance start at 2 : 10 today?

　　　　　2 What can Ayako do on the second floor?

条件英作文

〔1〕

《解答例》

① my English teacher

② Because he always teaches us a lot of interesting things in his English class. So English is my favorite subject now. （21語）

〔2〕

《解答例》

Thank you for your e-mail. I'm glad to know that you will come to Japan. Why don't you bring some pictures of your family, school and town? You can talk about them with your host family. I hope you will enjoy your stay here. （5文）

〔3〕

《解答例》

When a boy was walking, he saw a little girl. She was crying and looking for her mother. He took her to a police box. After some time her mother came to the police box. The girl stopped crying and smiled at her mother. （44語）

《解説》

最初に，日本語で大まかなあらすじを作ってみる。

① 男の子が歩いていると泣いている女の子に会う。

② 迷子のようなので交番に連れて行く。

③ しばらくして，そこへ母親が来る。女の子は，泣くのをやめて母親にほほ笑んだ。

〔4〕

《解答例》

A foreigner wanted to buy a ticket at the station, but he didn't know how to buy it. Then a boy came there and helped him. The foreigner was going to go to Yokohama. The boy bought the ticket for him. The foreigner thanked him very much. （47語）

《解説》

最初に，日本語で大まかなあらすじを作ってみる。

① 外国人の男性が駅の乗車券販売機の前で買い方がわからず困っているところへ男の子がやってくる。

② 外国人の男性は Yokohama と言っている。

③ 男の子がかわりに切符を買ってあげる。外国人の男性は笑顔。

〔5〕

《解答例》

（thinkを選んだ場合）

I agree. There are many shops. We can buy a lot of things.（3文）

（don't thinkを選んだ場合）

I don't agree. There are too many people and cars. We need a lot of money to live in a big city.（3文）

〔6〕

《解答例》

I will teach about "*Arigatou*." It means "Thank you." We can feel good when we hear it.（3文）

〔7〕

《解答例》

（playing sports）

I'm a baseball player. When I'm playing baseball, I feel very good. Through baseball, I've learned many important things. So, I'll play sports in the future, too.（27語）

（reading books）

There is a city library near my house. I often go there to read books. I can learn many things I don't know through books, so they are like my teachers.（31語）

〔8〕

《解答例》

I want to be a doctor because a doctor can help many people. When I was a child, I often became sick and a doctor helped me. I want to be a good doctor to help people.（37語）

〔9〕

《解答例》

I think a mountain is good because we went camping in the beach last year. There is a beautiful mountain in our city and we can camp there. We can enjoy walking up the mountain. We will have a good time.（41語）

〔10〕

《解答例》

I'm a member of the brass band club. We're going to have a concert next Sunday. We'd like to invite you (to the concert). I'll visit the teachers' room again.

〔11〕

《解答例》

(bag)

I wanted a new bag for a long time. The bag I have used is very old. When I become a high school student, I'll use this new bag every day. (31語)

(book)

I like reading books very much. This is a book I wanted. I was interested in the stories of this book. I'm going to read it this weekend. (28語)

〔12〕

《解答例①》

This is *senbei*. *Senbei* is made from rice. There are a lot of *senbei* company in Japan. *Senbei* has many flavors, like soy sauce, salt, sugar, curry, and so on. I hope you can enjoy *senbei* with your family and your friends in Canada.

《解答例②》

This is green tea flavored chocolate. Green tea is traditional in Japan, and it is used for many kinds of sweets, like chocolate, cookies, and ice cream. Japanese people like its flavor and its bright green color. I hope you can enjoy it with your family and your friends in Canada.

〔13〕

(1) ウ

《解答例》

I want to take part in Lesson （ D ）. I want to sing in English because my favorite subject is English and I like singing songs, too. I can use only English in the lesson, but that will make my English better. Also, it's not expensive.

[14]

《解答例》

(Hi Bob,)

I will tell you how to celebrate the New Year in Japan. On the first few days of the new year, we eat special food. We get New Year's cards. They are like Christmas cards in your country. On the second day some people do calligraphy and hope for a happy new year. (53語)

(Your friend, Masami)

[15]

《解答例》

(Hi Jenny,)

Thank you for your e-mail. I like snow very much and I enjoy outdoor activities. When I was a child, I played with my friends in the snow. Now I go skiing with my family every winter. I hope you will visit us in winter some day. (47語)

(Your friend, Miki)

[16]

《解答例》

(Hi, everyone.)

I enjoyed my school trip to Kyoto. There are many old buildings there. They are very famous and popular among people from foreign countries. I liked the Kyoto Tower best. From the tower we could see the beautiful view of Kyoto. (5文, 41語)

[17]

《解答例》

(Hello, everyone.)

Welcome to our school. We want to know many things about Australia. We are interested in the seasons and animals in your country. We will tell you about our school and students. So let's enjoy talking and have a good time together. (5文, 42語)

〔18〕

《解答例》

(I want to go to) Australia in the future because I want to see a lot of beautiful stars that we can't see in Japan. I have been interested in stars since I was a child. So when I go there, I want to take a lot of pictures of them. (46語)

〔19〕

《解答例》

(1)① How old are you?

② When did you come to Japan?

(2) We have a new friend. Mary is fifteen years old and she is from Australia. She came to Japan on December 27. She likes to listen to music. (4文, 28語)

(3) Welcome to our school. All the people here are friendly. I hope you will have a good time here.

(3文, 19語)

〔20〕

(1) イ

《解答例》

(2) a I'm interested in School A the most.

b Because there are a lot of students from other countries and it has an international festival. And I like city areas better.

〔21〕

(1) エ

《解答例》

(2) I want to go to Place (C). I want to visit the museum because I'm interested in American history. I can learn about American history a lot at the museum. Also, I'll buy some nice souvenirs there. I want to give them to my family in Japan.

〔22〕

(1) ウ

《解答例》

(2) I want to take part in Lesson (D). I want to sing in English because my favorite

　　subject is English and I like singing songs, too. I can use only English in the lesson, but that

　　will make my English better. Also, it's not expensive.

〔23〕

(1)　エ

《解答例》

(2) a　I'm interested in Activity A the most.

　　b　Because I want to talk about Japanese food with them in English. I also want to ask

　　　them about American food. I hope we can enjoy school lunch together.

対話文読解

〔1〕

《解答》

⑴　A　having　　F　ate

⑵　B　asks me many questions　　E　wonderful things to see

⑶　イ　　⑷　ア

⑸　(人々が)食べ物をすべて食べてしまうと，それは(彼らは)まだ空腹だということを意味するから。

⑹　自分たちの価値観だけで見る　　⑺　エ

《解説》

⑴A　文頭にbe動詞のAreがあることから考える。現在進行形〈be動詞＋動詞のing形〉の疑問文にする。haveのing形は，eをとってingをつけて作る。

　　F　同じ文中のshe liked itに時制を合わせて，eatも過去形にする。eatは不規則動詞で，過去形はateである。

⑵B　目的語が２つある〈動詞＋(人)＋(もの)〉の形にする。asksのあとにme, many questionsの順に目的語を並べる。〈ask＋(人)＋(もの)〉で「～(人)に…(もの)をたずねる」の意味になる。

　　E　並べ替える語の中に，see, toがあることに着目し，不定詞を使う形を考える。to seeが後ろからsomewonderful thingsを修飾する形にして，「見るべきいくつかのすばらしいもの」という意味にする。不定詞の形容詞的用法。

⑶　直前でサキは「昨日彼女が夕食を楽しんだとは思いません」と言っている。また　C　のあとで，サキは友人が夕食を楽しまなかったと考える根拠を述べている。イ「なぜあなたはそう考えるのですか」を入れると，ベル先生が理由をたずねることになり，自然な流れになる。

⑷　「彼女は(　　)でした」　ベル先生の「彼女は具合が悪かったのですか」に対し，サキは「ええと，そうは思いません」と答えているので，ア「元気な」が適切となる。

⑸　「だから，食べ物をいくらか残すことはそこでは悪いマナーではありません」　So「だから」で始まっているので，理由は直前の文に述べられている。

⑹　直前のサキの発言We should not see things only in our values.に対し，ベル先生はThat's right.「そのとおりです」と応じている。

⑺　ア：「昨日，サキの母はたくさん食べ物を料理しましたが，サキの中国人の友人はその料理を食べませんでした」　サキの父が食べてから，中国人の友人は食べ始めている。イ：「昨年，サキは中国の友人の家に滞在し，そこで楽しい時を過ごしました」　昨年中国に行ったのはベル先生である。ウ：「中国人のほとんどは，主人が食べ始める前には何も食べようとしません」　そのようなマナーがあるのは，中国のいくつかの地方である。エ：「ベル先生は中国の友人の家族のところに滞在したときに，中国のマナーについて学びました」　ベル先生の６番目の発言内容に一致している。オ：「食べ物をいくらか残すことは，日本でも悪いマナーではありません」　ベル先生とサキの７番目の発言を参照。中国のいくつかの地方におい

て，食べ物をいくらか残すのは悪いマナーではないと言うベル先生に対し，サキは日本では違うと言っている。

《全訳》

　　サキは中学生です。ベル先生はサキの学校のＡＬＴです。彼女たちは今，学校で話しています。

ベル 先生（以下先）：こんにちは，サキ。あなたの中国出身の友だちがあなたのところに滞在しているそうですね。楽しい時を過ごしていますか。

サキ(以下Ｓ)：はい。私たちはお互いに自分の国について話すのを楽しんでいます。彼女は日本に興味を持っていて，日本について私にたくさんの質問をします。私たちはいっしょにとても楽しい時を過ごしています。でも，昨日彼女が夕食を楽しんだとは思わないのです。

先：なぜ，そう考えるのですか。

Ｓ：私の家族は彼女のために歓迎会を開き，母がたくさんの食べ物を料理しました。私たちは彼女に「どうぞ，夕食を楽しんでください」と言いました。でも，彼女はそのとき食べようとしなかったのです。

先：なるほど。彼女は具合が悪かったのですか。

Ｓ：ええと，そうは思いません。彼女は元気でした。私の父が何かを食べてから，彼女は食べ始めました。彼女はその食べ物があまり好きではなかったのだと思います。

先：ああ，それは中国のいくつかの地方では一般的なんですよ。その地方の多くの中国人は，主人が食べ始める前に何も食べるべきではないと考えています。

Ｓ：え，本当ですか。

先：私の友人の１人がそう言ったので，そのことを知っています。彼女は中国出身です。私は中国の彼女の家族のところに滞在しました。

Ｓ：先生はいつ中国に行ったのですか。

先：去年です。中国の彼女の市には見るべきいくつかのすばらしいものがあります。私は中国滞在中に彼らのマナーについて学びました。あなたの友だちが食事を食べたのなら，彼女はそれが気に入ったのです。彼女は昨夜，夕食を楽しんだのだと思いますよ。

Ｓ：そうだとよいのですが，私はまだ彼女がそれを気に入ったとは思えないのです。彼女は夕食を終えたとき，食べ物をいくらか残していました。

先：それも中国のいくつかの地方では一般的です。食べ物をすべて食べてしまうと，それはまだ空腹だということを意味するのです。だから，食べ物をいくらか残すことはそこでは悪いマナーではないのです。

Ｓ：本当に？　日本では違いますね。

先：はい。それぞれの国にはさまざまなマナーがあります。ほかの国のマナーについて知ることは大切です。

Ｓ：今，わかりました。私たちは物事を自分たちの価値観だけで見るべきではないのですね。

先：そのとおりです。日本人にとって一般的ではないことを見つけたら，そのことを思い出すべきです。

Ｓ：わかりました。そうします。

〔2〕

《解答》

(1) A earlier F bought

(2) B a good place to see E when we bring bento from

(3) イ (4) ウ (5) エ

(6) 弁当箱を洗えば，それらを何度も使うことができるということ。

(7) オ

《解説》

(1)A 後ろにthan in Niigataがあることから，比較級にする。earlyの比較級は，yをiに変えてerをつけて作る。

F 前のAnd I did so.に続くので，過去の文にする。buyは不規則動詞で，過去形はboughtである。

(2)B 並べ替える語の中にto, seeがあることに着目する。to see the cherry blossomsが後ろからa good placeを修飾する形にする。不定詞の形容詞的用法。

E 並べ替える語の中にwhenがあることに着目する。このwhenは接続詞で，あとに〈主語＋動詞〉の形のwe bringを続ける。

(3) 〈look＋形容詞〉で「～に見える」の意味を表す。次に「私はこのようなすてきな弁当をはじめて見ました」と言っているので，カトウさんの弁当をほめる内容にする。great「すばらしい」を入れるのが適切となる。

(4) 日本のマンガ本の中にある弁当を食べている描写を通して，世界で弁当の人気が出たことから考える。ウ「日本のマンガ本は日本文化を表します」が適切となる。

(5) ア：「マイクはことしは新潟でだけ桜の花を見ました」 マイクの最初の発言を参照。東京でも桜の花を見た。イ：「マイクははじめてカトウさんの弁当箱を見たときには『弁当』という言葉を知りませんでした」 マイクの2番目と3番目の発言を参照。去年フランスに行ったときに，弁当の人気があることを知った。ウ：「マイクはフランスに行ったとき，自分自身の弁当箱を使いました」 フランスに自分の弁当箱を持っていったという記述はない。エ：「マイクは外国人は日本のマンガ本を読むことによって弁当について学んだと言っています」 マイクの5番目の発言内容と一致する。オ：「マイクはアメリカの店で青くて大きな弁当箱を見つけました」 マイクはインターネットで弁当箱を買った。

(6) 「私はもう一つのよいことを知っています」 another good thingの内容は，次の文に示されている。

(7) ア：「サトシは日本のマンガ本が世界中でとても人気があることを知りませんでした」 マイクの4番目の発言「あなたは日本のマンガ本が世界中でとても人気があることを知っていますか」に対して，サトシは「もちろん」と答えている。イ：「マイクは弁当を作るためにたくさんのお金が必要だと考えています」 マイクの6番目の発言を参照。お金を節約できると言っている。ウ：「多くの外国人は自分の国で自分自身の弁当箱を買うことができません」 マイクの7番目の発言を参照。外国人は店やインターネットで自分の弁当箱を選んで買うことができると言っている。エ：「サトシの好きな色は青で，彼は自分の弁当箱を

とても気に入っています」　青い弁当箱を持っているのはマイクである。オ：「サトシはより多くの外国人
が弁当箱を使うことを望んでいます」　マイクの8番目の発言とそれに対するサトシの発言の内容に一致
する。

《全訳》

　　サトシは新潟に住んでいます。マイクはアメリカ出身の学生で，サトシの家族のところに滞在しています。
マイクはサトシのクラスにいます。きょうは春の日です。マイク，サトシと母親は公園に行きます。

カトウさん（以下K）：たくさん桜の花があるわね！

サトシ（以下S）：3週間前に君が東京に行ったとき，そこで桜の花を見たかい，マイク。

マイク（以下M）：うん。新潟より早く東京で桜の花を見たよ。今，ぼくはここ新潟でそれらをまた楽しむこ
　　とができるよ！

K：ええと，ここは桜の花を見るのによい場所ね。ここで昼食を食べましょう。

S：よい考えだね，お母さん。ぼくは今おなかがすいているよ。

K：これらの弁当箱を開けてくれる？

S：いいよ。

M：とてもすばらしく見えますね。こんなすてきな弁当をはじめて見ました。

K：あら，マイク，あなたは「弁当」という言葉を知っているの？

M：はい，知っています。昨年フランスに行ったとき，多くの人々が弁当を食べていることがわかりました。
　　「唐揚げ弁当」を食べるのが好きな人も中にはいました。

S：それは知らなかったな。でもなぜ弁当はそんなに人気があるの？

M：日本のマンガ本が世界中でとても人気があることを知っている？

S：もちろん。

M：いくつかのマンガ本の中で，日本人が弁当を食べているね。外国人はマンガ本のその場面を見たときに，
　　弁当に興味を持ったそうだよ。だから今，日本の弁当文化は人気があるんだよ。

S：それはおもしろいね！日本のマンガ本は日本文化を表すんだね。

M：そのとおり。それに，弁当にはたくさんのよいことがあるから，世界中で人気があるんだ。たとえば，
　　昼食のために家から弁当を持っていくとき，お金を節約することができるよ。そして，弁当は健康には
　　よいと思う。

S：うん，そしてぼくたち日本人は弁当を作るとき，よく自分自身の弁当箱を使うよ。

M：知っているよ。今は，外国人も店やインターネットで自分自身の弁当箱を選んで買うことができるんだ。
　　たくさんの種類の弁当箱があるよ。自分の好きな色やサイズを選ぶことができる。そしてぼくはそうし
　　たよ。ぼくはインターネットで弁当箱を買ったよ。それは青くて大きいんだ。ぼくはアメリカの家でそ
　　れをときどき使ったよ。

K：弁当箱にもいくつかよいことがあるわね。たとえば，私たちはゴミを減らすことができるわ。

M：ぼくはもう一つのよいことを知っています。弁当箱を洗えば，何度も使うことができます。もっと多くの外国人が弁当箱を使うべきだと思います。

S：そうすることを願うよ。ぼくは君から日本文化を学んだよ，マイク。ありがとう。

K：さあ，あなたたち。花見弁当を食べましょう。

〔3〕

《解答》

(1)　A　became　　E　loving

(2)　B　we will teach him that　　D　is loved by your

(3)　ときどきほえたりフミオの言うことを聞かなかったりすること。

(4)　エ　　(5)　イ　　(6)　ウ　　(7)　エ

《解説》

(1)A　文中にtwo months ago「2か月前に」があることから，過去形にする。becomeは不規則動詞で，過去形はbecameである。

　　E　We knowのあとに接続詞のthatが省略されている。1語指定になっているので，loveを動名詞のlovingにかえて，loving peopleがWe knowに続く〈主語＋動詞～〉の主語になる形にする。

(2)B　並べ替える語の中にteach, him, thatがあることに着目する。we willのあとに〈teach＋目的語（～に）＋目的語（…を）〉の形を続ける。

　　D　並べ替える語の中にis, by, lovedがあることに着目する。Heが主語の受け身の文にする。受け身形は〈be動詞＋過去分詞〉の形で，「～される，～されている」という意味を表す。by ...「…によって」を続けて行為者を表す。過去分詞は，規則動詞の場合は過去形と同じ形になる。「彼はあなたの家族によって愛されています」という意味の文になる。

(3)　「彼がそのようなことをするときにあなたはどうしますか」　such thingsの内容は，直前の文に示されている。

(4)　フミオが「はい。私は彼にさようならを言いたくありません」と応じていることから判断する。エ「彼があなたの家を離れるとき，あなたは悲しいでしょう」を入れると，自然な流れになる。

(5)　ア：「サニーはただの犬で，何年もフミオの家族といっしょに暮らすことができます」　フミオの4番目と5番目の発言を参照。サニーは盲導犬になるかもしれない特別な犬で，フミオの家には約10か月いる予定である。イ：「サニーは生後2か月のときにフミオの家に来ました」　フミオの1番目と3番目の発言を参照。今サニーは生後4か月で，フミオの家にはフミオの家族がパピーウォーカーになった2か月前に来たので，フミオの家に来たのは生後2か月のときとなり，一致する。ウ：「フミオは決してサニーに腹を立てませんが，ほかの家族のメンバーはときどき腹を立てます」　フミオの7番目の発言を参照。家族全員がフミオと同様に腹を立てない。エ：「フミオは将来，サニーといっしょに困っている人々のために働きたいと思っています」　そのような記述はない。オ：「サニーはふつう家にいて，フミオはそんなには彼と外出しません」　フミオの5番目の発言を参照。エマにサニーとよく外出するかとたずねられて，「はい」と答えている。

(6)　次に続く2文より，フミオたちはサニーがよい盲導犬になることを望んでいるとわかる。

(7)　ア：「エマはフミオの犬が好きではなかったので，彼女はその犬についてフミオと話しませんでした」

エマは，フミオはかわいい犬を飼っていると言っている。イ：「フミオはエマがパピーウォーカーになりたいと思っていたので，エマにパピーウォーカーの仕事について話しました」 エマがパピーウォーカーになりたいという記述はない。ウ：「エマはフミオがサニーのためにたくさんのことをしなければならないとわかったので，彼を手伝いたいと思いました」 エマがフミオを手伝いたいと思っているという記述はない。エ：「フミオは，フミオの家族がサニーを愛すれば，サニーが困っている人々に愛情を示すだろうと思っています」 フミオの9番目の発言の内容に一致する。オ：「エマは次の日曜日に再びサニーに会いたいと思いましたが，フミオはそれが気に入りませんでした」 フミオは，サニーに会いに行ってもいいかとたずねたエマに対し，「もちろん」と応じている。

《全訳》

　フミオは高校生です。彼の友人のエマはオーストラリア出身で，フミオの家の近くに住んでいます。ある日曜日，通りでエマはフミオに会います。

エマ（以下E）：こんにちは，フミオ。あなたはかわいい犬を飼っているのね。名前は何ですか。

フミオ（以下F）：彼の名前はサニーだよ。彼は生後4か月だよ。

E：あら，まだ幼いのね。

F：君は犬を飼っているの，エマ。

E：いいえ，飼っていないわ。でも私は犬が好きよ。どうやってサニーを手に入れたの？

F：ぼくの家族は2か月前にパピーウォーカーになったんだよ。彼はそのときにぼくたちの家に来て，いっしょに暮らし始めたんだ。

E：パピーウォーカー？ それについて知らないわ。それは何ですか。

F：パピーウォーカーはある種のボランティアだよ。その仕事は犬といっしょに暮らすことなんだ。その犬は将来盲導犬になるかもしれないから，特別なんだよ。

E：すばらしいわ！ あなたたちはよくサニーといっしょに外出するの？

F：うん。ぼくたちは彼と多くの違う場所に行くつもりだよ。彼は多くの人々に会って，多くの経験をしなければならないんだ。盲導犬は人間と犬は友だちだと学ぶ必要がある。サニーは約10か月間ぼくたちのところにいることになっている。その間に，ぼくたちは彼にそのことを教えるつもりだよ。

E：わかったわ，でも犬とのコミュニケーションは難しいと思うわ。

F：そのとおりだよ。サニーはときどきほえるしぼくの言うことを聞かないんだ。

E：彼がそのようなことをするとき，あなたはどうするの？

F：ぼくはサニーに決して腹を立てないんだ。ぼくはいつも微笑んで彼に話しかける。ぼくの家族のメンバーはみな同じことをするよ。彼は毎日ぼくたちの言葉を学んでいるよ。

E：あら，それはいいわね。彼はあなたの家族に愛されているのね。みんながサニーのためにいっしょに働くのね。

F：そうだよ。ぼくたちは，人々を愛することが盲導犬になるために大切だとわかっているんだ。だからぼくたちも愛情を持って彼の世話をする必要があるけれど，8か月しかないんだよ。サニーは訓練センターに戻って，特別な訓練を始めるんだ。

E：彼があなたの家を離れたら，あなたは悲しくなるでしょうね。

F：うん。ぼくは彼にさようならを言いたくないよ。でもぼくたちはみなサニーがすてきな盲導犬になることを願っているんだ。そして彼が困っている人に対して愛情を持つことを願っているよ。ぼくたちが彼を愛せば，サニーは彼らに愛情を示すと思うよ。

E：そうなると思うわ。ええと，次の日曜日にサニーに会いにあなたの家に行ってもいいかしら。彼にまた会いたいわ。

F：もちろん。

〔4〕

《解答》

(1)　A　changed　　G　better　　(2)　宿題とクラブ活動　　(3)　イ

(4)　D　he has to go to school　　H　listen to us a lot

(5)　私たちは18歳になると，自分たちの国の未来を決めることができること。

(6)　エ　　(7)　ウ

《解説》

(1)A　直前にbe動詞のwasがあることに着目する。受け身形か過去進行形が考えられるが，「法律は変えら れた」と受け身形にすると意味が自然になる。受け身形は〈be動詞＋過去分詞〉で「〜される，されている」 という意味を表す。規則動詞の過去分詞は過去形と同じ形である。

　G　次にthan beforeが続くことから考える。〈比較級＋than …〉「…より〜」の文にする。wellの比較級 はbetterである。

(2)　直後のlikeは「〜のような〔に〕」という意味の前置詞である。

(3)　エリコは，直前のタクミの発言を補っていることから考える。イの「それは本当です」が適切となる。

(4)D　並べ替える語の中にtoが2つあるが，1つはhasと結びつけてhas to 〜「〜しなければならない」の 形を作る。主語のheは3人称単数なので，have to 〜がhas to 〜になっている。もう1つのtoはgo to school「学校に行く」の形で使う。

　H　listen to 〜「〜の言うことを聞く」，a lot「たくさん」

(5)　「私はそれはすばらしいと思います」itの内容は，直前の文に示されている。

(6)　「わかりますが，私にとって投票することはまだ（　　）です」タクミの3番目の発言の最初の文を参 照する。「ええと，投票することは私には難しいでしょう」と言っている。エのhard「難しい，困難な」は difficultとほぼ同じ意味を表す。

(7)　ア：「タクミは18歳なので，彼は今日本で投票することができます」タクミは来年18歳になる。イ：「週 末には，タクミは野球を一生懸命に練習してほかの多くのこともします」エリコの最初の発言とタクミ の4番目の発言を参照。タクミはさらに何かをする時間はないと言っている。ウ：「フレッドは若者は自 分自身の国に興味を持つべきだと思っています」フレッドの8番目の発言内容と一致する。エ：「立候補 者たちは若者が自分に投票することを望んでいるが，若者のアイデアを必要とはしていません」立候補 者たちは若者の新しいアイデアを得たいと思っている。オ：「エリコは新聞を読むことは好きではないので， テレビでニュース番組を見るつもりです」エリコは新聞を読むことについては特に話していない。

《全訳》

　エリコは中学生です。彼女の兄のタクミは高校生です。フレッドはアメリカ出身の学生で，彼らの家に滞 在しています。彼らは今，テレビを見ています。

フレッド（以下F）：このテレビ番組は何についてなの？

タクミ（以下T）：それは投票権についてだよ。去年の夏以前は，日本人は20歳になったときに投票権を持ったんだ。

F：それは知らなかったよ。

T：法律が変えられて，今では，日本人は18歳になったときにその権利を持つんだよ。ぼくは来年18歳になるから，その権利を持つことになるんだ。

F：それについてどう思うの？

T：うーん，投票することはぼくにとっては難しいだろうね。ぼくのような高校生には，宿題やクラブ活動のように毎日することがたくさんあるよ。

エリコ（以下E）：それは本当よ。タクミは野球部に入っているの。彼は野球を一生懸命に練習していて，週末に学校に行かなければならないのよ。

T：そうなんだ。ぼくにはこれ以上何かをする時間がないよ。フレッド，アメリカでは，18歳になると投票できるの？

F：うん。世界中の多くの国のように18歳になると投票できるよ。ぼくは日本に来る前に，いちばんよい立候補者に投票したんだ。

E：え，本当？

F：ぼくたちは18歳になると，自分たちの国の未来を決めることができる。それはすばらしいことだと思うよ。

T：わかるんだけれど，投票することはぼくにとってはまだ難しいよ。どの立候補者がいちばんいいんだろう？ ぼくには経験が多くないから，それを決めることはできないよ。そして，各立候補者はいくつかの問題について話している。それらを理解することは，ぼくには簡単ではないよ。

F：きみの気持ちはわかるよ。でも投票権を持てば，ぼくたちにとってよいことがたくさんあるだろうね。

E：本当？ それらについて私たちに教えて。

F：投票する前に自分たちの国の問題を勉強するから，以前より自分たちの国をよく理解することになるよ。また，立候補者たちは，ぼくたちが自分に投票してほしいと望むから，ぼくたちの言うことにたくさん耳を傾けて，アイデアを共有しようとするんだ。

E：私たち若者にとってはよいことね。

F：立候補者たちは，若者から新しいアイデアを得たいと思っている。だから，彼らは若者が自分自身の国に興味を持つことを望んでいるんだ。ぼくは，自分たち若者はそうするべきだと思うよ。

T：わかったよ。今から，ぼくは新聞からほかの人たちの考えを学んでいこうと思う。

E：私はテレビでニュース番組を見るわね！

F：すばらしいね！

〔5〕

《解答》

(1) A made　　C said

(2) B and saw many kinds of　　F friends are interested in

(3) イ

(4) 和紙のかばんで重い物を運ぶことができること。

(5) ウ　　(6) ア　　(7) エ

《解説》

(1)A　前にbe動詞のwasがあることに着目する。進行形の文か受け身の文が考えられるが、受け身の文にすると自然になる。「～される」という意味の受け身形は〈be動詞＋過去分詞〉なので、makeを過去分詞のmadeにする。makeは不規則動詞で、make－made－madeと変化する。「それは日本で作られました」

C　30年前にペリーさんが和紙職人から聞いた内容なので、動詞を過去形にする。sayは不規則動詞で、過去形はsaidとなる。

(2)B　並べ替える語の中にof, kindsがあることに着目する。many kinds of ～で「多くの種類の～」という意味を表す。and sawのあとにmany kinds of *washi*を続ける。このkindは形容詞ではなく「種類」という意味の名詞である。

F　並べ替える語の中にinterested, in, areがあることに着目する。be interested in ～で「～に興味を持つ」という意味になる。friendsはyourの後ろに続ける。

(3)　トモキが「ああ、あなたは和紙のためにここに住むことを決めたのですね」と応じていることや、ペリーさんが和紙職人として働いていることから判断する。イを入れると、次に続くSo, I decided to do it.のdo itが「その和紙を作る技能を保つこと」を指すことになり、自然な流れになる。

(4)　下線部分Eは「特別な技術で和紙は強くなる」という意味で、次に続くso以下に、下線部分Eによって導かれる結果が示されている。

(5)　ア：「ペリーさんは日本中を旅行していたとき、はじめて和紙を見ました」　ペリーさんの最初の発言を参照。ペリーさんがはじめて和紙を見たのは、自分の国の製本会社で働いていたときである。イ：「ペリーさんは自分の国の製本会社でその和紙を使いたいと思いました」　そのような記述はない。ウ：「ペリーさんがその市を訪れたとき、たった1人の男性だけがその市の和紙を作ることができました」　ペリーさんの2番目の発言内容に一致する。エ：「今、ペリーさんはその市の唯一の和紙職人です」　ペリーさんの4番目の発言を参照。今は4人の若者といっしょに働いている。オ：「ペリーさんは和紙をランプのかさを作るために使うことは新しいアイデアだと思っています」　ペリーさんの5番目とアユミの3番目の発言のやりとりを参照。ペリーさんはすでに日本にはちょうちんがあることを知っている。

(6)　トモキが一つ前の発言で、和紙の新しい使い方をみんなに聞くつもりだと言っていることから判断する。traditional「伝統的な」を入れると、和紙は単に伝統的な物ではなく、（新しい使い方で）すばらしい未来

があるという考えになる。

(7)　ア：「アユミはペリーさんと話す前には，人々は和紙をランプのかさのためにだけ使うと思っていました」　アユミの2番目の発言を参照。和紙を習字のためにだけ使うと思っていた。イ：「ペリーさんがアユミに和紙のかばんをくれたので，彼女はとてもうれしかった」　そのような記述はない。ウ：「ペリーさんは昼食時間の番組に参加して和紙について話すつもりです」　アユミの4番目の発言参照。アユミたちがペリーさんから聞いたことを番組で話すつもりである。エ：「和紙を使うよいアイデアがあったら，トモキとアユミはペリーさんに伝えるでしょう」　トモキの6番目の発言を参照する。「よいアイデアがあれば，私に教えてください」と言うペリーさんに対し，トモキはWe will.「そうします」と言っているので，内容に一致する。オ：「アユミは若い人は新しいやり方で和紙を作る方法を知る必要があると言いたいのです」　そのような記述はない。

《全訳》

　　トモキとアユミは高校生です。彼らは学校の放送部に入っています。彼らはペリーさんとインタビューをしています。ペリーさんは彼らの市に住んでいます。彼は和紙職人です。

トモキ（以下T）：はじめて和紙を見たのはいつですか，ペリーさん。

ペリーさん（以下P）：私の国の製本会社で働いていたときにそれを見ました。それはとても美しかったです。それは日本で作られました。私はそれについて知りたいと思いました。まもなく私は和紙の作り方を学ぶために日本に行くことを決めました。私は日本中を旅して，多くの種類の和紙を見ました。

アユミ（以下A）：あなたはいつこの市に来ましたか。

P：30年前です。はじめてこの市を訪れたとき，ここにはたった1人しか和紙職人がいませんでした。彼だけがこの市の和紙を作ることができました。彼は私にそれの作り方を教えました。

T：それでは，あなたは和紙の歴史を知っていますね。

P：もちろん。その職人はすばらしい技能を持っていて，彼の和紙はとても美しかったです。彼は私に「人々はこの和紙をここで約1300年前に作り始めました。私が子どものころ多くの人々がそれを作っていましたが，今では若者はこの仕事をしたがりません」と言いました。私はだれかがその和紙を作る技能を保たなければならないと思いました。それで，私はそうすることに決めました。

T：ああ，あなたは和紙のためにここに住むことに決めたのですね。

P：ええ，そして今は4人の若者といっしょに働いています。私たちは人々のために役に立つ物を作ろうとしています。たとえば，私たちはランプのかさを作っています。

A：ランプのかさ？　私は和紙は習字のためにだけあると思っていました。

P：日本人はランプのかさにも和紙を使いますよ。ちょうちんがありますね。

A：ああ，そのことを忘れていました！　それは新しいアイデアではないですね。

P：私たちはかばんも作っています。

T：かばんですか。和紙はそんなに強くないと思います。

P：ええと，特別な技術で和紙は強くなるので，和紙のかばんで重い物を運ぶことができますよ。

A：それはおもしろいですね。そのように和紙を使えるとは知りませんでした。私たちはお昼時間の番組でそれについて話します。

P：ありがとうございます。あなたたちの友だちが和紙に興味を持ったら私はうれしくなります。

T：番組では，私たちはまた，みんなに和紙の新しい使い方について聞くつもりです。

P：いいですね。よいアイデアがあったら，私に話してください。

T：そうします。私は，和紙は単なる伝統的な物ではないとみんなが知るべきだと思います。和紙にはすばらしい未来があります。

A：どうもありがとうございます，ペリーさん。

P：どういたしまして。

〔6〕

《解答》

⑴　エ　　⑵　B　brought　　E　cities

⑶　(ベック先生は)自分の国では，これらの種類のチョウやトンボを見たことが(一度も)ないから。

⑷　D　have you ever heard　　G　would you like to　　⑸　イ

⑹　多くの生徒が展示を見ることによって，自分たちの周りの植物や動物に興味を持つようになること。

⑺　ウ

《解説》

⑴　直前のソノコの「私たちと話す時間はありますか」に対する答え。　A　のあとにI'm free now.「今は時間があるわよ」と言っていることから，エ「はい，もちろん」と承諾するのが適切となる。

⑵B　直前にhaveがあることから，現在完了形〈have＋過去分詞〉にする。不規則動詞の過去分詞は独自の変化をする。bringはbring－brought－broughtと変化する。

　　E　直前にmanyがあるので，複数形にする。cityの複数形は，yをiに変えてesをつけて作る。

⑶　ベック先生が「とてもおもしろいわね！」と言った理由は，次の文に述べられている。〈have never＋過去分詞〉で「一度も～したことがない」という意味を表す。

⑷D　並べ替える語の中に，heard, ever, haveがあることに着目し，現在完了の経験用法の疑問文を作る。疑問文にするにはhaveを主語の前に出す。everは過去分詞heardの前に置く。

　　G　would you like to ～?で「～したいですか」という意味を表す。do you want to ～?をていねいにした表現である。

⑸　「たくさんのニホンカワウソが人々によって（　　）」　ニホンカワウソが今では見られないことから考え，caughtを入れて「捕まえられたんです」とするのが適切である。

⑹　「私もそう願うよ」　soは，直前のソノコの発言のmany students以下を受けている。

⑺　ア：「コウジとソノコが今日ベック先生，ナガノ先生と話したとき，ベック先生は日本の植物と動物に興味があると言いました」　ベック先生が日本の植物と動物に興味があると言ったのは，この前の授業である。イ：「コウジとソノコはこの前の金曜日に，学校でたくさんの写真を撮りました」　川沿いの野原で写真を撮った。ウ：「ベック先生は自分の国で科学を教えていたので，植物と動物についてたくさん知っています」　ナガノ先生の2番目の発言内容に一致する。エ：「コウジはベック先生に魚と鳥の写真を見せましたが，彼女はその魚を知りませんでした」　ベック先生は，魚は見たことがある。オ：「ナガノ先生は絶滅危惧種について何も知らないですが，『レッドデータブックにいがた』を持っています」　ナガノ先生は絶滅危惧種について説明した。

《全訳》

　　コウジとソノコは彼らの学校の科学部に所属しています。科学部の先生はナガノ先生です。ベック先生は彼らのALTです。コウジとソノコは2人の先生に会いに行きます。

ソノコ(以下S)：すみません，ベック先生。私たちと話す時間はありますか。

ベック先生(以下B)：はい，もちろん。今は時間があるわよ。

S：この前の授業で，先生は日本の植物と動物に興味があると言っていましたよね。だから今日，私たちはそれらの写真を何枚か持ってきたんです。先週撮ったんですよ。

ナガノ先生(以下N)：その写真はとてもおもしろいですよ，ベック先生。

B：わかりました。最初にあなたのを見てもいいかしら，ソノコ。

S：もちろんです。私はチョウとトンボが好きなので，何枚か写真を撮りました。

B：とてもおもしろいわね！　私の国ではこんな種類のチョウやトンボを見たことがないわ。あなたの写真はどんななの，コウジ。

コウジ(以下K)：これらを見てください。

B：ありがとう。あら，こちらもとてもおもしろいわ。その魚は見たことがあるけど，その鳥はないわ。あなたたち2人はこのような写真を撮りによく外出するの？

K：ええと，ぼくたちは科学部に入っていて，この前の金曜日にほかの部員といっしょに，学校の近くの川沿いの野原に行ったんです。

S：私たちはそこで色々な種類の植物と動物をたくさん見つけました。

N：ベック先生は日本では英語を教えているけど，彼女の国では科学の先生だったんだよ。だから植物と動物についてたくさん知っているんだ。

B：コウジ，絶滅危惧種について聞いたことがあるかしら。

K：いいえ。君はどう，ソノコ？

S：いいえ。そんなことば，初めて聞いたわ。

N：植物と動物の中には絶滅の恐れがあるものがあるんだ。そういうものを絶滅危惧種と呼ぶんだよ。

B：それらのリストは1966年に最初に作られたと思うわ。今では，多くの市やグループが同じようなリストを作っているのよ。このようなリストをレッドデータブックと呼ぶの。新潟も作っているのかしら。

N：ええ。私は「レッドデータブックにいがた」を持ってますよ。見てください。これはニホンカワウソです。ここ新潟では，以前はニホンカワウソを見られましたが，今は見られません。たくさんのニホンカワウソが人々によって捕まえられたんです。コウジ，ソノコ，その本を見たいかい？

S：はい。(数分後)コウジ，レッドデータブックのこの写真を見て。このトンボは私の写真のトンボと似ているわ。

K：ああ，それらは似ているね。ソノコ，考えがあるんだ。来月に文化祭があるよね。ぼくたちの周りの絶滅危惧種について展示をしよう。ぼくたちの写真を見せよう。「レッドデータブックにいがた」も見せら

れるね。

B：展示をするなら手伝いますよ。

S：ありがとうございます。多くの生徒が展示を見ることによって自分たちの周りの植物や動物に興味を持っ
　　たらいいなと思います。

N：私もそう願うよ。

〔7〕

《解答》

⑴　イ　　⑵　B　bought　　F　Getting

⑶　日本のように新聞配達員から新聞を受け取る家庭もあるが，アメリカでは外で新聞を買うことがより一般的だということ。

⑷　ウ　　⑸　E　told you about a　　H　to read the newspaper more

⑹　ア　　⑺　オ

《解説》

⑴　「私は今（　　）です」　直前でユウジが「ホワイト先生，今お時間はありますか」とたずねていることに着目する。イ「暇な」が適切となる。

⑵B　when以下の部分の動詞が過去形のwentなので，buyも過去形にする。buyは不規則動詞で，過去形はboughtとなる。

　F　「～すること」の意味の動名詞（動詞のing形）が主語になる文にする。getのing形は語尾のtを重ねてからingをつけて作る。

⑶　「私はそのことを知りませんでした」　thatの内容は，直前の文に示されている。本文9行目のoneは代名詞で，a newspaperを表している。

⑷　まず，ホワイト先生は4番目の発言で，新聞配達員はアメリカでは新聞を郵便受けに入れないと言っている。ユウジが「それでは，彼らはドアの前に置くのですか」とたずねると，ホワイト先生は「いいえ。彼らはふつう各家庭の前の庭に投げます」と答えている。

⑸E　直前にI've（＝I have）があることから，〈have＋過去分詞〉の現在完了形の文にする。完了用法。toldはtellの過去分詞。toldのあとにはyou about a few differencesを続け，〈tell＋人＋about～〉の形にする。a fewは数えられる名詞の前に置いて，「少しの，2，3の」という意味を表す。

　H　try to～で「～しようと試みる」という意味を表す。

⑹　直前でユウジが「また，彼は情報を得るために毎日新聞を読みます」と言っていることと，ホワイト先生が直後に「新聞を読むことは私たちにたくさんの役に立つ情報を与えてくれます」と言っていることから考える。ア「それが新聞についてのいちばん大切なことです」を入れると，Thatが，情報を得るために新聞を読むことを受けることになり，自然な流れになる。

⑺　ア：「ホワイト先生はアメリカにいたとき，家でだけ新聞を読みました」　ホワイト先生の2番目の発言を参照。ホワイト先生は仕事に行くときに，新聞売り場や自動販売機で新聞を買っていた。イ：「ユウジは，日本では外で新聞を買えないことを知っています」　ユウジの4番目の発言を参照。ユウジは，日本では外でも新聞を買うことができると言っている。ウ：「ユウジの兄は毎日情報を得るために新聞を読むので，newsboyです」　newsboyは新聞を配達する少年を指す。エ：「ユウジは大学に行くためのお金を得るために新聞を配達したいと思っています」　そのような内容は述べられていない。オ：「ホワイト先生とユウジ

は新聞を読むことを通して生活はよりよくなると考えています」　本文29 〜 31行目の内容と一致している。

《全訳》
　　ユウジは中学生です。ホワイト先生は彼の学校のALTです。彼らは今，学校で話しています。

ユウジ(以下Y)：ホワイト先生，今お時間はありますか。質問があります。

ホワイト先生(以下W)：いいですよ，ユウジ。今，私は暇です。それ(質問)は何ですか。

Y：先生はアメリカでは新聞を読みましたか。

W：はい，読みました。私は街の中心部に働きに行くとき，たいてい新聞売り場か自動販売機で新聞を買い
　　ました。

Y：ああ，そうでしたか。

W：もちろん，日本のように新聞配達員から新聞を受け取る家庭もありますが，アメリカでは外で新聞を買
　　うのがより一般的です。

Y：それは知りませんでした。日本では，外で新聞を買うこともできますが，ふつうは毎朝配達されます。
　　新聞について，ほかに何か違いを知っていますか。

W：はい。日本では，新聞配達員は新聞を郵便受けに入れますが，アメリカではふつうはそうしません。

Y：それでは，配達員はドアの前に置くのですか。

W：いいえ。彼らはふつう新聞を各家庭の前の庭に投げます。

Y：本当ですか。それは大きな違いですね。

W：ええと，ユウジ。私はあなたにいくつかの違いを話してきましたが，もちろん，共通点もあります。た
　　とえば，日本にもnewsboys(新聞配達の少年)がいます。

Y：newsboysですか？ newsboysとはだれですか。

W：アメリカでは，多くの少年がお金を得るために新聞を配達します。彼らの名前は「newsboys」です。

Y：ああ，わかりました。ぼくの兄はnewsboyですね。

W：ああ，そうなんですか。

Y：はい。彼は東京の大学に通っていて，毎朝新聞を配達します。彼は「早く起きるのはぼくには少し大変
　　だけれど，この仕事は好きだよ」と言っています。また，彼は情報を得るために毎日新聞を読んでいます。

W：それが新聞に関するいちばん大切なことですね。新聞を読むことは，私たちにたくさんの役に立つ情報
　　を与えてくれます。私は新聞が私たちの生活を向上させると思います。

Y：ぼくもそう思います，ホワイト先生。新聞は日本とアメリカの両方で大切ですね。ぼくは今からもっと
　　頻繁に新聞を読んでみるつもりです。

W：すばらしい！ あなたの生活に役に立つ情報が得られるでしょうね。

〔8〕

《解答》

(1)　エ　　(2)　B　heard　H　larger

(3)　C　to make Miki happy　F　surprised to know that

(4)　絵文字を使うとき，本当の意味を理解していない人がいるかもしれないと覚えておくべきであること。

(5)　ウ

(6)　その年において，世界のすべての絵文字の中で最もよく使われたから。

(7)　オ

《解説》

(1)　直前のポールの発言Many young people in Japan are like you, but I'm not.に対し，カズオはYou aren't like me?「君はぼくみたいじゃない？」と聞き返したあとに　A　を続けている。ポールはI want to say I don't use *emojis* very much.と具体的に答えているので，エ「どういう意味なの？」とたずねるのが適切となる。

(2)B　直前にI've（I have）があることから，現在完了形〈have＋過去分詞〉にする。不規則動詞hearの過去分詞はheardである。経験用法で，「ぼくは絵文字に関して悪い話を聞いたことがあるんだ」という意味の文になる。

　　H　後ろにthan before「以前より」があるので，largeを比較級のlargerにかえる。largeは語尾がe なので，比較級はr だけをつけて作る。

(3)C　まず，toをwantedに続けてwanted to ～「～したかった」の形を作る。そのあとに〈make＋目的語＋形容詞〉の形にあてはめてmake Miki happyを続ける。〈make＋目的語＋形容詞〉で「～を…にする」という意味を表す。

　　F　be surprised to ～で「～して驚く」という意味を表す。このto ～は原因・理由を表す副詞的用法の不定詞である。

(4)　カズオは，直前のポールの発言に対して「わかった」と言っている。ポールの発言中の助動詞mayは「～かもしれない」という意味である。

(5)　「でも，絵文字は君が考えているよりも世界で（　　）きているよ」　絵文字はもう英語の単語になっていることから，popular「人気がある」を入れるのが適切である。

(6)　カズオの8番目の発言の，2文目の内容をまとめる。

(7)　ア：「ポールがコーヒーショップでカズオに話しかけたとき，カズオはスマートフォンでゲームをしていました」　カズオは友人に絵文字付きのメッセージを送っていた。イ：「ミキが悲しく感じていたとき，彼女の友人はミキに楽しい顔の絵文字を送ったので，ミキは幸せになりました」　ミキは腹を立てた。ウ：「絵文字を受け取るとき，カズオはいつもその意味を理解できます」　カズオはわからないこともあると言っている。エ：「ポールは，イングランドの人々は英語の絵文字を持っていないと言っています」　その

ような内容は述べられていない。オ：「ポールは，絵文字にはよい点もあると考えていて，カズオにメッセージを送るときに絵文字を使うかもしれません」　ポールの最後の発言内容に一致している。

《全訳》

　カズオは高校生です。ポールはイングランド出身で，カズオのクラスメートです。ある土曜日，彼らはコーヒーショップで会います。

ポール（以下P）：やあ，カズオ。スマートフォンで何をしているんだい。ゲームをしているの？

カズオ（以下K）：やあ，ポール。友だちに絵文字付きのメッセージを送っているところだよ。メッセージを送るとき，自分の気持ちを表してくれるから，ぼくは絵文字を使うのが好きなんだ。いくつか例を見せるよ。ほら〔見て〕。

P：わあ，絵文字がすごくいっぱい！ ほとんど全部のメッセージが絵文字付きだね。日本の若者は君みたいな人が多いけど，ぼくはそうじゃないよ。

K：君はぼくみたいじゃない？ どういう意味なの？

P：ぼくは絵文字をそんなに使わないと言いたいんだよ。なぜ君たちはそんなに絵文字を使うんだい。それがわからないよ。ぼくは絵文字に関して悪い話を聞いたことがあるんだ。

K：どんな話？

P：ぼくの友人のミキがとても悲しい気持ちになっていたとき，彼女の友人の1人がミキを楽しくさせたいと思って，楽しそうな顔の絵文字を送ったんだ。でもミキは腹を立てたんだ。なぜだかわかる？

K：わからないよ。

P：ミキは，自分が悲しい気持ちになっているから，その友人が楽しくなったと思ったんだ。君は言葉のように絵文字をたくさん使うけれど，絵文字は言葉じゃないよ。絵文字を受け取ったとき，君はいつもその意味を理解できるの？

K：ええと…，わからないときもあるよ。

P：だから，君は絵文字を使うとき，本当の意味を理解していない人がいるかもしれないと覚えておくべきだよ。

K：わかった。でも，絵文字は君が考えているよりも世界で人気が出てきているよ。「emoji」という語はもう英語の単語になっている。君が知っているように，「emoji」という語は日本語から来ているよ。

P：最初の文字の「e（え）」は「picture」を意味していて，「moji（もじ）」は「word」を意味している。それで正しい？

K：その通りだよ。それなら，君はこの話を知っているかい？ 有名な辞書の会社が，ある絵文字を「2015年の言葉」として選んだんだよ。それは「うれし泣きの顔」の絵文字だったよ。

P：えっ，本当に？ それを知って驚いたよ。その会社は言葉でなくて絵を選んだんだね！ それはおもしろいけれど，なぜその会社は「2015年の言葉」としてその絵文字を選んだの？

K :その会社は，2015年にはそれ以前より絵文字の使用者の数がとても多くなったと言っていたよ。それに，その年において，世界のすべての絵文字の中で，この絵文字が最もよく使われたとも言っていたんだ。

P :今や世界中の多くの人が絵文字を使っていることがわかったよ。絵文字にはよい点もあるんだね。君にメッセージを送るときに絵文字を使うかもしれないよ。

〔9〕

《解答》

(1)　ウ　　(2)　B　イ　E　エ　　(3)　エ

(4)　Junior high school students in the U.S.A. borrow textbooks from school.

(5)　F　have never heard about　H　make studying more interesting

(6)　多くの生徒たちは勉強するためのノート型パソコンを持っていて，彼らはふつうノート型パソコンの中に情報を入れているから。

(7)　ア

《解説》

(1)　「あなたにおもしろいものを見せるわね」　Is it an English dictionary?「英語の辞書ですか」とたずねたコウジに対して，ベック先生はNo, but good try.　It's a history textbook.「いいえ，でも惜しいですね。それは歴史の教科書です」と答えている。

(2)B　直後にコウジがWow! It's so heavy!「わー！ とても重いですね！」と言っていることから，コウジは実際に歴史の教科書を持ってみたということがわかる。イのhold「持つ，つかむ」が適切となる。

　　E　直前にbe動詞のareがあることから，進行形か受け身形のどちらかになる。textbooks in the U.S.A.「アメリカの教科書」が主語なので受け身形are keptにして，「保管される」とするのが自然である。受け身形は〈be動詞＋過去分詞〉。keepは不規則動詞で，過去分詞はkeptである。

(3)　直前のコウジとベック先生のやり取りに着目する。コウジの歴史の教科書は約300ページ，ベック先生が持っている歴史の教科書は約1000ページある。エ「あなたの歴史の教科書はぼくのより多くのページがありますね」が適切となる。

(4)　次に続くコウジのReally? But why?に対するベック先生の答えが，下線部分Dの理由となる。

(5)F　並べ替える語の中にheard, have, neverがあることに着目し，現在完了形・経験用法の否定文にすることを考える。経験用法の否定文は，〈have〔has〕never＋過去分詞〉の形を使う。

　　H　〈make＋目的語＋形容詞〉で「～を…（の状態）にする」という意味を表す。ここでは目的語は動名詞のstudying，形容詞は比較級のmore interestingが当てはまる。

(6)　「彼らは宿題のために重い教科書を運ぶことに悩む必要はないのです」　直前にsoがあることから，その前の部分が下線部分Gの理由となる。

(7)　ア：「ベック先生の授業はとてもおもしろかったので，コウジは職員室で彼女と話すことに決めました」　コウジの最初の発言内容に一致する。so ～ that …は「とても～なので…」という表現である。イ：「アメリカの辞書はとても厚くて重いです」　ベック先生は教科書については話したが，辞書については話していない。ウ：「ベック先生は学生時代には歴史が好きでしたが，今はそんなに好きではありません」　ベック先生は今でも歴史が好きである。エ：「教科書は自分たちのものではないので，アメリカの生徒は教科書を家で使うことはできません」　宿題に必要なら，家に持ち帰ることができる。オ：「アメリカの生徒は

授業前にノート型パソコンを使って新しい情報をさがそうとします」 授業で新しいことを学んだ<u>あとに</u>，もっと多くの情報をパソコンでさがそうとする。

《全訳》

コウジは日本の中学生です。ベック先生はコウジの学校のＡＬＴです。コウジは放課後に職員室に行きます。

コウジ（以下K）：こんにちは，ベック先生。ぼくはアメリカの学校についての今日の授業をとても楽しんだので，それについてもっと先生と話すためにここに来ることに決めたのです。

ベック先生（以下先）：あら，来てくれてありがとう，コウジ。あなたにおもしろいものを見せるわね。これを見て。推測できるかしら？

K：ええと，確信は持てないのですが。英語の辞書ですか。

先：いいえ，でも惜しいですね。それは歴史の教科書です。

K：それはとても厚くて，とても違って見えます。本当に教科書なのですか。

先：ええ。私はアメリカの中学生だったとき，これのような教科書を使いました。さあ，それを持ってみて。

K：わー！　とても重いですね！　この教科書にはとてもたくさんの絵があります。ぼくの歴史の教科書は約300ページあります。この教科書は何ページありますか。

先：だいたい1000ページですね。

K：そんなにたくさん！　あなたの歴史の教科書はぼくのより多くのページがありますね。

先：たいていのアメリカの教科書はたくさんの絵と役に立つ情報があるから，この教科書のように厚くて重いのですよ。

K：歴史は先生の学生時代の好きな教科でしたか。

先：ええ，そうでしたし，今でも好きです。私は日本に来る前にたくさん歴史の教科書を買いました。でも，アメリカの中学生にとって教科書を買うのは普通ではないです。

K：本当に？　でもなぜですか。

先：アメリカの中学生は学校から教科書を借りるのです。

K：借りる？　彼らは学校に教科書を返さなければならないということですか。

先：その通りです。アメリカの教科書は長い間学校に保管されます。

K：違う生徒がそれらを使うのですね。

先：ええ。教科書はふつう彼らのものではありません。

K：ぼくはそのことについて一度も聞いたことがありません。アメリカの生徒たちは教科書を家に持ち帰ることはできますか。

先：教科書が宿題のために必要なら，そうすることができます。でも教科書は持ち運ぶには重いです。多くの生徒たちは勉強するためのノート型パソコンを持っていて，彼らはふつうノート型パソコンの中に情

報を入れているので，彼らは宿題のために重い教科書を運ぶことで悩む必要はないのです。

K：なるほど。彼らは家でどうやってそれらを使いますか。

先：授業で何か新しいことを学んだあとに，彼らはそれについて独力でインターネットでより多くの情報を
さがそうとします。それから，その授業で，彼らはその情報について話すことができます。その後，彼
らは同級生と彼らの考えについて話して楽しむことができます。

K：かっこいいですね！　ぼくは毎日学校でノート型パソコンを使いたいです。ノート型パソコンは勉強を
もっとおもしろくさせると思います。

先：私もそう思うわ

〔10〕

《解答》

(1)　A　written　　D　tried　　(2)　ウ

(3)　C　be glad to have　　G　Do you think he is interested in　　(4)　イ

(5)　海はハルナたちの家から遠く，電車でそこへ着くのに２時間必要とするから。

(6)　ヘンリーのためのいくつかの異なる計画　　(7)　エ

《解説》

(1)A　直前に名詞のe-mail，直後にbyがあることに着目する。過去分詞のwrittenにかえて，written by my cousin, Henry「私のいとこのヘンリーによって書かれた」が直前のan e-mailを後ろから修飾する形にする。過去分詞の形容詞的用法である。

　　D　I've（＝I have）neverに続くことから，現在完了形の経験用法の否定文「（一度も）～したことがない」にすると考える。現在完了形は〈have＋過去分詞〉の形。tryは規則動詞で，規則動詞の過去分詞は過去形と同じ形である。yをiにかえてedをつける。

(2)　フレッドの２番目の発言より，フレッドのいとこの日本滞在は４日間だとわかる。また，（　B　）の文の後半にa few daysとあることからも，「短い滞在」とするのが適切である。

(3)C　willのあとには動詞の原形が続く。beを続けてwill be glad to ～「～してうれしいだろう」の形を作る。have a good timeで「楽しく過ごす」という意味を表す。

　　G　疑問文の語順であることと，並べ替える語の中にinterestedがあることに着目する。〈be動詞＋interested in＋～〉の形で，「～に興味がある」という意味を表す。

(4)　直前でフレッドが「釣りをやってみたことがない」と言っていることと，タケルが直後に「釣りはそんなに難しくはない」と言っていることから考える。イ「考えすぎてはいけません」がためらっているフレッドにかけることばとして適切になる。

(5)　「私たちは釣りをする別の場所を考えなければなりません」　このようにハルナが言っている理由は前の文に示されている。by train「電車で」

(6)　「私は彼に電子メールを送って，それらについて彼に伝えます」　themは直前の文のsome different plans for Henryを指している。

(7)　ア：「ヘンリーは中国で働いたあとに，日本に来て滞在する予定です」　ヘンリーは日本に滞在してから中国に行くことになっている。イ：「タケルは山の近くに有名な温泉があると知っています」　有名な温泉は川の近くにある。ウ：「フレッドはヘンリーは山を歩くのが気に入るだろうと思っていますが，フレッドはそうしたくはありません」　フレッドも山歩きをしたいと思っている。エ：「タケルは，ヘンリーは日本での滞在中に野外活動を楽しむことができると思っています」　タケルの３番目の発言内容に一致する。such activities「そのような活動」は直前のフレッドの発言中のoutdoor activitiesを指している。オ：「ハルナは父より上手に料理ができるので，ヘンリーのために和食を料理するでしょう」　自分より父のほう

が料理が上手で，ヘンリーに和食を料理してくれるとハルナは言っている。

《全訳》

　　タケルは高校生で，ハルナは彼の姉〔妹〕です。フレッドはアメリカ出身で，タケルのクラスにいます。フレッドはタケルの家族のところに滞在しています。

フレッド(以下F)：見て。これはぼくのいとこのヘンリーによって書かれた電子メールだよ。昨日それを受け取ったんだ。それには，彼は来月アメリカを離れて日本に来る予定だと書いてあるんだ。

タケル(以下T)：え，本当？　彼はぼくたちのところに来るの？

F：もちろん。彼は日本に4日間滞在してから，仕事をするため中国へ行くことになっているよ。彼はそこの大学で英語を教えることになっているんだ。

ハルナ(以下H)：彼はいつここに来るの？

F：10月末だよ。

T：そうなんだ。短い滞在だけど，彼が日本での数日を楽しめたらいいね。彼のために，(その数日の)計画について考えてみようよ。

F：ありがとう。ぼくたちといっしょに楽しく過ごせたら，彼はうれしいだろうね。

H：彼は何をするのが好きなの？

F：彼は野外活動を好む人なんだ。彼はここ日本で野外活動を楽しみたいと言っていたよ。

T：そんな活動を彼はできると思うよ。美しい山，川そして海があるからね。

F：秋に山ではどんなことができるの？

H：歩いて(散策して)楽しめるわ。頂上では，私たちの市が見えるし，いろいろな色の葉を見ることができるの。彼がそれを気に入ってくれたらいいんだけど。

F：わあ，それはすばらしいね。ぼくはそうしたいよ。

T：他にもいい案があるよ。海で釣りをするのはどうかな。彼は釣りが好き？

F：釣り？　ヘンリーはときどき週末に友だちといっしょに海へ釣りに行くけど，アメリカのぼくの市の近くには海がないから，ぼくは釣りをやってみたことがないんだよ。

T：考えすぎないで。釣りはそんなに難しくないよ。

F：ありがとう。釣りのやり方を学びたいよ。わくわくするだろうね。

H：あなたのいとこも釣りを楽しめると思うわ。でも，問題があるの。海は私たちの家から遠くて，たどり着くまで電車で2時間かかるの。釣りをする別の場所を考えなければならないわ。

T：ここの近くに川があるよね。バスでわずか20分なんだ。それにその川の近くには有名な温泉があるよ！　釣りのあとにその温泉を楽しむことができるね。

F：それはいいね。

H：彼は和食に興味があると思う？　私の父は料理が好きなの。父は私より上手に料理ができるわ。父はヘ

ンリーのために和食を料理してくれるわ。

F：それはすばらしいね！ 今，ヘンリーのためにいくつかの異なる計画があるよね。ぼくは彼に電子メールを送って，それらの計画について彼に伝えるよ。彼から返事をもらったら，その内容を君たちに話すね。

〔11〕

《解答》

⑴　A　shopping bag my sister bought for　I　which stores to choose　　⑵　B　エ　G　ア

⑶　I didn't have to buy plastic bags all over Japan at that time.　　⑷　ウ

⑸　環境を守るためにビニール袋だけを減らすことはよい方法なのかという質問。

⑹　a plastic bag　　⑺　エ

《解説》

⑴A　Aの＿＿の前にaがあるので，shopping bagをそのあとに置く。a shopping bagのあとに「私の姉が(私)のために買った」という意味のmy sister bought for (me)を続ける。

　　I　並べ替える語の中に，which, toがあることに着目する。〈疑問詞＋名詞＋to＋動詞の原形〉の形に当てはめてwhich stores to choose「どの店を選ぶべきか」とする。

⑵B　前に名詞のa bagがあることから，形容詞のようなはたらきをするmakingかmadeが考えられる。by my motherが続くので，過去分詞のmadeを入れてmade by my mother「ぼくの母によって作られた」が後ろからa bagを修飾する形にするのが適切である。

　　G　a small stepのあとにbutが続くことから，smallとは相反する意味を持つ語をさがす。

⑶　続けてカズオがWhy?と理由をたずねているので，それに応じるエリックの発言を抜き出す。

⑷　図から，一人当たりのプラスチック製容器包装の廃棄量がいちばん多いのはアメリカなので，Dに入るのはAmericaとなる。日本と欧州連合はほぼ同じ量だが，日本のほうが少し多いので，EにはJapanが入る。

⑸　下線部分Fの指すa questionは，二つ先の文になる。It is ... to ～.「～することは…である」の疑問文となっている。

⑹　I don't need ＿H＿.「(私は) ＿H＿ は必要ありません」　次の文でI have my own shopping bag.「自分の買い物袋を持っています」と続けていることから，＿H＿ にはa plastic bagが入ると考えられる。

⑺　ア:「カズオが買い物袋を持っていなかったので，ワカナは彼に自分の買い物袋をあげました」　ワカナが自分の買い物袋をカズオにあげたという内容は本文にない。イ:「イギリスの人々と日本の人々は同じ年にビニール袋を買い始めました」　イギリスでは2015年，日本では2020年にビニール袋の有償化が始まった。ウ:「エリックは人々は環境に注意を向けるべきとは思っていない」　エリックの５番目の発言内容に合わない。エ:「最終的に，カズオは地球を救うために自分自身の買い物袋を使うことを決めました」　カズオの最後の発言内容に一致する。

《全訳》

　　カズオとワカナはミドリ中学校の英語部のメンバーです。エリックはイギリスの出身です。彼はミドリ中学校に通っています。今，彼らは放課後に話をしています。

ワカナ(以下W):これを見て。私の姉が北海道への旅行中に私に買ってくれた買い物袋なの。これをよく使っ

ているわ。

カズオ(以下K)：ぼくは自分の買い物袋を持っていないよ。エリック，君は買い物袋を持っているの？

エリック（以下E）：ああ，もちろん。ここにぼくの母によって作られたバッグがあるよ。ぼくはこれを買い
物袋として使っている。ぼくのお気に入りの買い物袋なんだ！ イギリスでは，人々は環境を守るため
に2015年にビニール袋を買い始めたんだ。ヨーロッパの多くの国々でも，人々はそれらを買わなければ
ならない。だから，ヨーロッパの多くの人々は自分自身の買い物袋を持っているんだ。ぼくが2019年の
冬に日本に来たとき，驚いたよ。

K：なぜ？

E：その当時，日本中どこでもビニール袋を買わなくてもよかったんだ。

K：なるほど。日本では，2020年の7月にビニール袋を買い始めたね。

E：ぼくはおもしろい図を見つけたよ。これを見て。1人の人間は1年に，プラスチック製容器包装の廃棄
物をどのくらい生み出すのか。この図はこのことを示しているんだ。ビニール袋は一つの例だね。この
図では，アメリカの人々が最も多くのプラスチック製容器包装の廃棄物を生み出しているね。日本と欧
州連合の人々はほぼ同じ量のプラスチック製容器包装の廃棄物を生み出しているけれど，日本の人々の
ほうがより多く生み出しているね。

W：私は日本人が100kg以上のプラスチック製容器包装の廃棄物を捨てているとは知らなかったわ。買い物
袋を使えばビニール袋を減らすことができるわね。

K：エリックとワカナの言うことはわかるよ。今，一つ質問があるんだ。ビニール袋はプラスチック製容器
包装の廃棄物のうちのわずかな量を占めていると思うんだ。環境を守るためにビニール袋だけを減らす
ことはよい方法なのかな？

E：それはいい質問だね。ビニール袋を減らすことは小さな一歩かもしれないけれど，地球を救う大きな一
歩かもしれないよ。ぼくたちはそうするべきだと思うよ。

W：先月，母と店に買い物に行ったとき，多くの人々が「ビニール袋は必要ありません。自分の買い物袋を
持っています」と言っていたわ。人々は買い物に行くときに自分自身の買い物袋を持っていくようになっ
たのね。日本の多くの人々は生活の仕方を変化させていると思うの。

K：たぶん，ぼくもそうしなければならないかな…。ぼくには何ができるかな？

W：次の一歩として，私はペットボトルのようなプラスチック製品を減らすつもりよ。

E：ぼくの次の一歩として，ぼくはどの店を選ぶべきかを考えるよ。ぼくたちは環境について考えて地球に
優しくするべきだね。

K：ぼくもそう思う。今，ぼくも自分自身の買い物袋を使うつもりだ。それは地球を救うためのぼくの最初
の一歩になるだろうね。

〔12〕

《解答》

(1)A　thing to tell you　F　picture your father took

(2)　エ　　(3)C　visited　E　coldest　　(4)　ア　　(5)　オ

(6)　ジムに新潟を去ってほしくなかったから。

(7)　イ

《解説》

(1)A　importantは形容詞なので次に名詞thingを置いて，one important thing「一つの大切なこと」とする。これに不定詞to tell you「あなたに話すための」を続けるとよい。この不定詞は形容詞的用法。

　　F　(this) pictureの後に，your father tookと続け，この語句が前のpictureを修飾する形にすると，「きみのお父さんがとった写真」という部分ができる。これは，your father tookの前にあった目的格の関係代名詞which〔that〕が省略された形である。

(2)　次のナオキの発言から，期間を尋ねる疑問文，エ「どのくらいの間滞在するのですか」が適切。

(3)C　whichが主格の関係代名詞として使われるときは，which以下の節で主語の働きをし，さらにwhich以下の節を先行詞（物，動物）に結びつける接続詞の働きもする。この英文の先行詞はthe famous placesである。また，whichのあとは受け身の英文にする。

　　E　theが前にあることなどから最上級にすると考えられる。coldはestをつけて最上級を作る。

(4)　forget to ～で「～することを忘れる」。否定の命令文Don't forget to ～で，「～するのを忘れないで」となる。ジムの５番目の発言第２文August is a winter month in Australia.が解答の根拠の英文である。ジムはオーストラリアの冬の時期である８月に訪問するナオキに，冬の衣服を持ってくるようにうながしているのである。

(5)　ア：「ジムの夏休みは８月に始まった」ジムは６番目の発言で，12月から夏休みだと言っている。イ：「ジムは水曜日にはサッカーを練習しない」同じく６番目の発言参照。月曜日から金曜日までサッカーを練習すると言っているので誤り。ウ：「ジムは日曜日は晴れたときに海に泳ぎに行く」土曜日に泳ぎに行くというジムの６番目の発言と合わない。エ：「ジムにとって，夏にシドニーで暮らすことは暑過ぎるので大変だ」ジムは７番目の発言で，夏は暮らしやすいと言っているので誤り。オ：「ジムは新潟に滞在している間，冬に雪をたくさん見た」ジムの８番目の発言と合っている。

(6)　次のナオキの発言の２文目が理由にあたる。この文は，want A to ～「Aに～してほしい」の否定文なので，訳し方に注意が必要である。leaveはいろいろな意味があるが，ここでは「～を去る，出発する」の意味。

(7)　ア：「ナオキはインターネットで父の顔のすてきな写真を見つけた」ジムの10番目の発言参照。ナオキのお父さんが撮影した写真には，ナオキとミチコ，そしてジムと雪だるまがうつっていると書かれているので誤り。イ：「ナオキは，ジムの家族と夕食をしたら自分の家族が喜ぶだろうと思っている」ナオキの５番目の発言と合っている。ウ：「ナオキは，３日間ずっと暖かいが，明日は寒いだろうと言っている」ナオキ

の８番目の発言内容と合わない。エ：「ジムとナオキは雪だるまを作ったあとで雪合戦を始めた」雪合戦を
　してから雪だるまを作った。ジムの９，10番目の発言参照。オ：「ジムとナオキは，ジムよりも背が高い雪
　だるまを作った」彼らが作った雪だるまはジムと同じくらいの背の高さだったので誤り。ナオキの11番目
　の発言参照。

《全訳》
　ナオキ（以下Ｎ）は新潟の中学生です。彼はジム（以下Ｊ）とインターネットで話をしています。ジムは去年
新潟に滞在して，今はシドニーに住んでいます。シドニーはオーストラリアの大都市の一つです。

Ｎ：やあ，ジム。ぼくが見えるかい。元気かい。

Ｊ：元気だよ，ありがとう。こんなふうに話すのはわくわくするね。

Ｎ：ぼくもだよ。ぼくのコンピュータできみの顔がよく見えるよ。ところで，きみに話す大切なことが一つ
　　あるんだ。８月にシドニーを訪ねるんだよ。

Ｊ：へえ，本当かい。ホームステイをするのかい。

Ｎ：いや。家族とシドニーのホテルに泊まるんだ。

Ｊ：わお，それはすごい。どのくらい滞在するの。

Ｎ：５日間だよ。

Ｊ：じゃあ，きみの家族をたくさんの人が訪れる有名な場所に連れて行くよ。ぼくの家にも来てぼくたちと
　　いっしょに夕食を食べてよ。

Ｎ：ありがとう。ぼくの家族は喜ぶと思うよ。

Ｊ：そのとき，冬物の衣服を持ってくるのを忘れないで。オーストラリアでは８月は冬の月なんだ。

Ｎ：わかった，そうするよ。それじゃあ，シドニーは今，夏なんだね。きみの夏はどうだい。

Ｊ：12月から学校が休みだよ。ぼくは夏休みを楽しんでいるよ。月曜日から金曜日までサッカーを練習して，
　　土曜日は海に泳ぎに行っているよ。

Ｎ：それはいいね。天気はどう？

Ｊ：晴れているけれどあまり暑すぎることはないね。夏のシドニーは暮らしやすいよ。新潟は今，冬だよね。

Ｎ：うん。ずっと寒くて３日間たくさん雪が降っているよ。でも，明日は雪がやんで今日より暖かくなるっ
　　て聞いてるよ。

Ｊ：ぼくはこの前の冬に新潟に滞在したとき，たくさん雪を見たよ。

Ｎ：きみがここにいたときは，とても寒くて雪がそのときたくさん降ったね。

Ｊ：ぼくの人生で最も寒い冬だったけど，楽しいときを過ごしたよ。ぼくの新潟での最後の日に雪合戦をし
　　たのを覚えているかい。

Ｎ：きみは大きな雪の玉を作ってぼくに投げたね。ぼくが雪だるまみたいに見えるってきみは言ったね。

Ｊ：悪かったよ。とてもたくさんの雪を見て本当に興奮していたんだ。そのあと，大きな雪だるまを作った

ね。きみのお父さんがとったこの写真を見てよ。雪だるまときみとぼく，そしてきみの妹〔お姉さん〕のミチコが見えるかい。

N：ああ，見えるよ。とても大きい雪だるまだね。きみと同じくらいの背の高さだね。

J：でも，写真の中のミチコは悲しそうだね。なぜかな。ぼくが彼女に雪の玉を投げたんだっけ。

N：いいや。彼女はきみに新潟を離れてほしくなかったんだよ。ああ，もう夜の10時だ。さようならを言わなくちゃ。

J：きみと話して楽しかったよ。さようなら。

N：じゃあ，またね。

〔13〕

《解答》

(1) A one of the most popular places　　D I have been there three times

(2) ウ

(3) ある場所が世界遺産になれば，そこは有名になって多くの人々が訪れる（だろう）から。

(4) ア

(5) 自分たちの市の自然の美しさと長い歴史のある物を保護しなければならないということ。

(6) G built　　H living　　(7) イ

《解説》

(1)A　並べ替える語の中に，popular, most, theがあることに着目し，形容詞の最上級を使う文にすること
　　を考える。また，ofとoneにも着目し，〈one of the＋最上級＋名詞の複数形〉「最も～な…のうちの一つ」
　　の形にする。popularは前にmore, mostをつけて比較級・最上級を作る形容詞である。

　　D　並べ替える語の中に，been, haveがあることに着目し，現在完了の文にすることを考える。現在完
　　了形は〈have＋過去分詞〉の形。three times「３回」があるので，経験用法の文になる。have been to
　　～で「～に行ったことがある」という意味を表すが，to～の代わりにthereがくると考える。

(2)　直後にナナがNo.と答えて，さらに新潟県に世界遺産を持とうと活動している人々のことを話している
　　ことから考える。

(3)　「世界遺産になることはとても重要です」　セイジがそのように考える理由は，セイジの３番目の発言に
　　示されている。

(4)　（　E　）のあとのkindsは「種類」という意味の名詞。世界遺産には美しい自然を持つものと重要な歴史
　　を持つものがあり，違う種類のものである。

(5)　「はい，しかし別な大切なことがあります」　another important thingの内容は，次の文で述べられ
　　ている。

(6)G　前にbe動詞のwasがあることから，進行形か受け身の文を考える。Itはthe shrineを指しており，
　　「～建てられた」と過去の受け身の文にするのが自然である。buildは不規則動詞でbuild-built-builtと変
　　化する。

　　H　名詞peopleの直後にあることから，現在分詞か過去分詞の形容詞的用法を考える。現在分詞にして
　　living near it「それの近くに住んでいる」が前のpeopleを修飾する形にすると自然になる。名詞のあと
　　に〈現在分詞＋語句〉が続く形となる。

(7)　ア：「カーン先生が彼らのところに来たときに，セイジとナナは外国の世界遺産について話していました」
　　セイジとナナは日本の富岡製糸場について話していた。イ：「グランドキャニオンは美しい自然のある世
　　界遺産です」　カーン先生の４番目の発言の内容に一致する。ウ：「カーン先生は重要な歴史のある場所だ
　　けが世界遺産になることができると言っています」　カーン先生は４番目の発言で，自然の美しさのある

場所も世界遺産になると言っている。エ：「セイジは世界遺産でない場所を保護しなければならないとは思っていません」　セイジはナナの５番目の発言に同意しているので不一致となる。オ：「カーン先生はセイジとナナといっしょに富岡製糸場を訪れる予定です」　訪れる先は市の神社なので不一致となる。

《全訳》

　セイジとナナは新潟の中学生です。彼らの学校のＡＬＴのカーン先生が放課後彼らに話しかけます。

カーン先生（以下Ｋ）：こんにちは，セイジとナナ。何について話しているのですか。

ナナ（以下Ｎ）：私たちは富岡製糸場について話しています。そこは2014年に世界遺産になりました。そこは群馬県で最も人気のある場所の一つです。

セイジ（以下Ｓ）：ぼくの祖母が群馬に住んでいます。ぼくの家族は去年の夏に彼女の家に行きました。滞在中に，ぼくたちは初めて富岡製糸場を訪れました。それはすばらしかったです。

Ｋ：え，本当ですか。私も去年の夏にそこに行きました。そこには重要な歴史があるので世界遺産になりました。新潟県には世界遺産はありますか。

Ｎ：いいえ。でも，新潟県のいくつかの場所は重要な歴史を持っています。たとえば，佐渡金銀山です。多くの人々がいっしょに一生懸命に働いています。彼らは新潟県に世界遺産を持ちたいのです。

Ｓ：世界遺産になることはとても重要です。

Ｎ：なぜそう思うのですか？

Ｓ：ある場所が世界遺産になれば，そこは有名になって多くの人々が訪れるからです。

Ｋ：そのとおりですね。

Ｎ：アメリカには世界遺産はありますか。

Ｋ：はい。グランドキャニオンはとても有名です。私はそこに３回行ったことがあります。そこには自然の美しさがあります。自然の美しさのある場所も世界遺産になりますよ。

Ｓ：それは興味深いですね。違う種類の世界遺産があるんですね。ある場所には自然の美しさがあり，ほかの場所には重要な歴史があります。これらの場所を保護することは未来の人々にとっても本当に大切ですね。

Ｎ：ええ，でも別の大切なことがあります。自分たちの市の自然の美しさと長い歴史のある物を保護しなければなりません。

Ｓ：ぼくもそう思います。

Ｎ：私たちの市には小さな古い神社があります。それは世界遺産ではありませんが，長い歴史があり多くの人々がそこを訪れます。

Ｓ：ぼくの母はぼくにその神社について話しました。それは800年前に建てられました。そのときからその神社は近くの人々にとってずっと大切な場所です。今では，この市の人々は毎月そこを訪れてそうじをします。

K：うーん，そのことを知りませんでした。小さな神社でさえ，近くに住んでいる人々にとっては大切なんですね。いつかその神社を訪れたいです。

N：私たちがそこに先生を連れていくことができます。いっしょに行きましょう。

K：それはいいですね。ありがとう。

〔14〕

《解答》

(1)　A　イ　G　ウ

(2)　Please have a seat.

(3)　C　know what he meant　D　want him to understand me　　(4)　エ

(5)　日本語には同じことを表現する多くのさまざまな方法があるから。

(6)　イ

《解説》

(1)A　ボブの直後の発言を参照する。So I looked around, but he wasn't there. 「それでまわりを見たけれど，先生はいなかった」（　A　）にseeを入れれば，「タナカ先生がみえる」とホストマザーが言ったのでまわりを見たという自然な流れになる。

　G　前に名詞のa wordがあることから，形容詞のような働きをするexpressingかexpressedが考えられる。現在分詞（動詞のing形）のexpressingを入れてexpressing "I"「『I』を表す」が後ろからa wordを修飾する形にするのが適切である。

(2)　「別のそのような表現を思い出したわ」　本文23〜26行目のサユリとボブの発言を参照する。Please have a seat.が改まった状況で使われる表現。

(3)C　並べ替える語の中にwhatがあることに着目する。疑問詞を使った疑問文が文の中にあるときは，〈疑問詞＋主語＋動詞〜〉の順にする。knowの目的語としてwhat he meant「彼が何を言いたいのか」を置く。meantはmeanの過去形。

　D　並べ替える語の中にwant, toがあるのでwant to 〜だと考えがちだが，want to understand himとすると，meが余るので，正しい文にならない。〈want 〜 to …〉「〜に…してもらいたい」の形を使い，want him to understand meとする。

(4)　エ「I feel that is very kind.」を入れると，thatが直前の文のAnd you also use simple expressions.「それに簡単な表現も使っているよね」を指すことになり，自然な流れになる。

(5)　「ぼくもボブに日本語を教えていて，ひとつ気づいたことがあるんだ。日本語はおもしろいよね」　ナオトがそのように思う理由は，その後に続くナオトの発言に示されている。

(6)　ア：「最初に，ボブと友人たちは助けてくれたことをだれかに感謝する方法について話しました」　最初にボブたちは数の表し方について話した。イ：「フミエは英語でものの前に語句を付けるのを忘れることがよくあります」　フミエはサユリの2番目の発言に対してI do, too. 「私も（そうします）」と言っているので，本文の内容に一致している。ウ：「ナオトは，サユリはボブとは改まった表現を使うべきだと考えています」　サユリの6番目の発言Should I use them（＝formal expressions）with Bob?に対し，ナオトはWell, I don't think so.と答えている。エ：「サユリとフミエはボブと日本語で話すとき，難しい表現を使います」　彼女たちは簡単な表現を使っている。オ：「ボブはフミエ，サユリ，ナオトからよろこん

で英語を学ぶでしょう」　ボブは彼らによろこんで英語を教えると言っている。

《全訳》

　サユリ，ナオトとフミエは新潟の高校1年生です。ボブはアメリカ出身の高校生です。彼らは昼食後，教室で話しています。

サユリ(以下S)：ねえ，ナオト，ボブ，何をしているの？

ナオト(以下N)：やあ，サユリ，フミエ。日本語でのものの数の表し方について話しているんだよ。

ボブ (以下B)：ときどき数の後に何の言葉を付ければよいかわからないことがあるんだ。例えば，紙のページには「枚」で，本には「冊」だよね。

S：英語では，私はものの前に語句を付けるのを忘れることがよくあるわ。「A piece of cake (1切れのケーキ)」は一つの例ね。

フミエ(以下F)：私も。英語と日本語の間には違うことがたくさんあるわ。混乱するわ。

S：うん。ボブ，あなたにとって，日本語に関して何かほかに難しいことはあるの？

B：うん。昨夜，ホストマザーが「…タナカ先生がみえる…」と言ったんだ。ぼくは彼女がぼくたちの担任のタナカ先生がそこに見えると思ったんだ。それでまわりを見たけど，先生はいなかった。まぎらわしかったよ。

N：彼女は先生が来ると言いたかったんだね。

B：そうだよ。ねえ，助けてくれたことをだれかに感謝するときに，何て言うの？

F：私は「Thank you for your help. (助けてくれてどうもありがとう)」と言うわ。

B：そうだね。「I'm grateful for your help. (あなたの助けに感謝します)」とも言うよ，特にもっと改まった状況ではね。

S：ああ，別のそのような表現を思い出したわ。

F：それについて話してよ。

S：いいわ。私が中学生のとき，レポートについてALTにたずねるために，職員室に行ったの。部屋に入ったとき，彼は私に「Please have a seat. (すわってください)」と言ったの。私は彼が何を言いたいのかわからなかったわ。

B：「Please sit down. (すわってください)」という意味だよ。それも改まった状況で使われるよ。

F：おもしろいわね。英語でも日本語でも，改まった表現についてもっと学ぶべきだと思うわ。

S：ボブにもそれを使ったほうがいいのかしら？

N：うーん，そうは思わないな。ボブと日本語で話すとき，ぼくの言うことを彼にわかってほしいから簡単な表現を選ぶよ。彼は親しい友だちだからね。

F：なるほどね。いろいろな状況で使ういちばんよい表現について考えるべきなのね。

B：それと話す速さもね。サユリ，フミエ，きみたちはぼくにそうしているよね。それに簡単な表現も使っ

ているよね。とても親切だと感じているよ。きみたちと日本語で話すことを楽しんでいるよ。

N：ぼくもボブに日本語を教えていて，ひとつ気づいたことがあるんだ。日本語はおもしろいよね。

S：どうしてそう思うの？

N：同じことを表現する多くのさまざまな方法があるからだよ。例えば「I」を日本語で言うとき，「わたし」や「わたくし」や「ぼく」と言うことができるよね。

F：「I」を表す言葉を使う必要がないこともあるわね。

N：そうだよね。

B：もっと日本語の表現を学びたいな。手伝ってくれる？

F：もちろん。そして私たちにもっと英語を教えてくれる？

S and N：そうだ，頼むよ。

B：よろこんでそうするよ。

〔15〕

《解答》

(1)A　イ　　F　エ

(2)B　building which sells many　　C　I didn't know what to do

(3)D　took　　H　to speak〔speaking〕　　(4)　ground　　(5)　ウ

(6)　他の言語を使っている人々とコミュニケーションを持つことは大切であるということ。

(7)　ア

《解説》

(1)A　文の後半で，ナオトはもっと滞在したいと言っていることから考える。3週間の滞在は<u>短かった</u>とするのが適切である。

　F　example「例」。ナオトが，「イギリス英語とアメリカ英語の違いに興味がある」と話したことに対して，フィールド先生が「あなたはほかの例も知っていますね」とすると会話が適切につながる。

(2)B　「それはたくさんの物を売っている大きな建物です」という意味になるように並べ替える。whichは主格の関係代名詞で，先行詞はa big buildingである。

　C　「私が何をしたらよいかわからなかったとき」という意味になるように並べ替える。what to doは「何をしたらよいか」という意味で，〈疑問詞＋不定詞〉の形である。

(3)D　takeは不規則動詞で，過去形はtookとなる。

　H　feltの後ろが「英語を話すことはとても楽しい」となるようにする。「～すること」は不定詞の名詞的用法〈to＋動詞の原形〉または動名詞〈動詞のing形〉でつくる。

(4)　表を参照する。アメリカ英語のthe first floorは「1階」で，「1階」を表すイギリス英語はthe ground floorとなる。

(5)　前後の部分を参照する。ほかの人が英語を速く話すのでナオトが理解できなかったことがあったが，　G　のことばをナオトが言ったあとには，ほかの人はゆっくり話したり簡単な英語で話すようになった。ナオトのことばとしては，ウ「もっとゆっくり話してください」が適切となる。

(6)　ナオトは，直前のフィールド先生のことばに対して，Yes, I did.「はい，そうでした」と言っている。フィールド先生のことばのitの内容をまとめる。itの内容はその前のナオトのことばである。

(7)　ア　「ほかの人がナオトが言ったことを理解したとき，ナオトは幸せだと感じました」　ナオトの7番目の発言を参照。

《全訳》

　　ナオト(以下Ｎ)はイギリスの中学校で英語を勉強するために，イギリスに行きました。彼はもうすぐ日本に戻ることになっています。フィールド先生(以下Ｆ)はそこでの彼の先生です。

Ｆ：あなたはここでの学校生活を楽しみましたか。

Ｎ：はい，フィールド先生。3週間の滞在は短くて，ぼくはもっと滞在したいです。でもぼくはここでたくさんのことを学びました。

Ｆ：それはよいですね。あなたの英語は今じょうずになっています。あなたのいちばんよい思い出は何ですか。

Ｎ：校外学習です。ぼくたちはサッカーの試合を見て，デパートに買い物に行きました。それはたくさんの物を売っている大きな建物でした。でもぼくはそこで迷いました。

Ｆ：私はあなたにthe first floor(イギリス英語で「2階」)の本屋で会うように言いましたが，あなたはそこにいませんでした。

Ｎ：ぼくはそのときthe first floorがどこかわかりませんでした。長い間本屋をさがしましたが，見つけることはできませんでした。ぼくが何をしたらよいかわからなかったとき，親切な女の子がぼくに近づいてきて，ぼくを本屋に連れて行きました。

Ｆ：私たちはあなたのことを心配しました。そしてついに，あなたは私の知らない女の子といっしょに私たちのところに来ました。

Ｎ：そうです。彼女と本屋に向かうときに，ぼくたちはいっしょに話しました。彼女はぼくに，アメリカ英語のthe first floor(「1階」)はここイギリスではthe ground floorのことを言っていると言いました。ぼくは驚きました。そのときから，ぼくはあなたたちの英語とアメリカ英語の間の違いに興味を持っています。

Ｆ：わかりました。それでは，あなたはほかの例も知っていますね。

Ｎ：ええ。このノートを見てください。ぼくは学んだ言葉を書くためにいつもそれを持っています。

Ｆ：すばらしいですね。よいアイデアだと思いますよ。

Ｎ：ありがとうございます。ぼくはここに来たとき，ほかの人が英語をぼくにとってとても速く話すことがあったので，彼らの言うことを理解できませんでした。そこでぼくはよく，「もっとゆっくり話してください」と言いました。すると彼らは再び英語をゆっくり話したり，簡単な英語で話してくれたりしました。

Ｆ：だからあなたは彼らの言うことが理解できたのですね。

Ｎ：はい，だいたいは。ぼくは英単語を多くは知りませんでしたが，たくさん話すようにしました。彼らがぼくの英語を理解したとき，ぼくは英語を話すことはとても楽しいと感じました。ほかの言語を使っている人々とコミュニケーションを持ってみることは大切です。

Ｆ：すばらしい。あなたはここでの滞在中に，それを学びましたね。

Ｎ：はい，そうです。ぼくはいつかここに戻ってきたいです。

Ｆ：いつでも歓迎しますよ。

〔1〕

《解答》

(1)　勉強することとスポーツを練習すること。　　(2)　c

(3)　(アキオは)月曜日から金曜日は，サッカーをとても熱心に練習したので，たびたび早く寝てしまったこと。

(4)　エ　　(5)　イ

(6)①　It is to play soccer in other countries in the future.

②　Yes, he did.

③　He goes to school by train.

(7)　ウ

《解説》

(1)　「私は両方することは難しいと思いました」　doing both「両方すること」の内容は，直前の文に示されている。

(2)　「私は，それはよいアイデアだと思いました」　itが何を指すかに着目する。　c　に入れると，トニーが提案した英語でのメールのやりとりを指すことになり，自然な流れになる。

(3)　「これは問題でした」　a problemの内容は，直前の文に示されている。

(4)　直前に「私はたびたび遅く帰宅します」とあることから考える。

(5)　「私の父のことばは本当でした」　本文23 ～ 24行目で，アキオの父は早朝の電車内で勉強している高校生を見かけることを話している。

(6)①　「アキオの夢は何ですか」　本文3行目参照。

②　「アキオはトニーと話をするのが楽しかったですか」　本文11行目を参照。

③　「アキオはどのようにして学校に行きますか」　本文第4段落を参照。

(7)　ア：「最初，アキオは朝早くサッカーを練習して，放課後に勉強しました」　そのような記述はない。イ：「トニーはサッカーをそんなに熱心に練習しないので，授業に集中することができます」　トニーはサッカーを熱心に練習している。ウ：「アキオは以前より早く家を出て，電車で勉強します」　本文第4段落の内容に一致している。エ：「アキオの父は，アキオはサッカーをするのをやめて英語を熱心に勉強しなければならないと思いました」　サッカーをやめるようには言っていない。オ：「トニーはときどき日本語で電子メールを書いて，アキオに送ります」　トニーが日本語で電子メールを書いたという記述はない。

《全訳》

　一部の生徒はスポーツクラブ〔運動部〕に入っています。彼らは勉強とスポーツの練習をしなければなりません。高校生活を始めたとき，ぼくは両方をすることは難しいと思いました。ぼくはサッカーが大好きで，ほとんど毎日熱心にサッカーを練習します。ぼくは将来，ほかの国でサッカーをしたいと思います。それはぼくの夢です。ぼくはまた，自分の夢のために英語を熱心に勉強したいと思います。でも帰宅したとき，サッカーをとても熱心に練習したために，たびたび勉強せずに早く寝てしまいました。

　ある日，ぼくはシンガポールの生徒に会いました。彼の名前はトニーでした。彼はほかの生徒たちといっしょに交流プログラムを通して日本に来ました。彼らはぼくの学校に1日だけ滞在しました。トニーはぼくの英語の授業に来ました。彼もサッカーをするのが好きだったので，ぼくたちは英語でそれについて話しました。ぼくは「君もサッカーを熱心に練習しているんだね。熱心に勉強することも難しいですか」と言いました。トニーは「はい，そうです。でもぼくは授業で集中して質問があるときには先生たちに質問するようにしています」と言いました。英語で彼と話すことは楽しかったです。授業の最後に，トニーは「ぼくたちはよい友だちになれると思う。英語でお互いに電子メールを送ろう」と言いました。ぼくはそれはよいアイデアだと思いました。ぼくは「いいよ」と言いました。

　英語でトニーに電子メールを書かなければならなかったので，ぼくは英語をより熱心に勉強し始めました。ぼくはまず，英語の授業により集中しました。ぼくは週末に勉強する時間を見つけました。しかし月曜日から金曜日までは，サッカーをとても熱心に練習したので，たびたび早く寝てしまいました。これは問題でした。ある晩，ぼくはこのことについて父と話しました。父は「お前は自分の時間を有効に使わなければならないね。私も自分の仕事に英語が必要だから，勉強しなければならないんだ。私はたびたび遅く帰宅するから，夜に勉強するのは難しいんだ。その代わりに早く起きて，仕事に行く前に家で英語を勉強しているよ」と言いました。ぼくは「早く起きることは難しいの？」と聞きました。父は「いや。アキオ，もっと上手なサッカー選手になりたいから，お前は毎日サッカーを練習しているよね。そしてお前は自分の英語を上達させたいんだよね。英語も毎日勉強しなければならない。私はたびたび早朝の電車で高校生を見かける。彼らの中には勉強している人もいるよ」と答えました。その次の日から，ぼくは父のように早く起きるようにしました。

　今では，ぼくは毎朝電車で英語を勉強しています。これは自分の英語を上達させるためにいちばん大切なことです。ぼくは以前は7時30分に家を出ていました。今は，7時に家を出て，7時20分の電車に乗ります。ぼくの父もその電車に乗ります。ぼくはたびたび高校生を見かけますが，彼らの中には授業のために勉強している人もいます。父のことばは本当でした。ぼくも電車で教科書を読み始めました。

　昨夜，ぼくはトニーからの電子メールを読みました。メールに，彼は日本語を熱心に勉強していると書いていました。ぼくは電子メールを返信しました。メールに，ぼくは「学校に行く前に電車で英語を勉強する時間を作っているよ。ぼくの夢のために，熱心に頑張るつもりだよ」と書きました。

〔2〕

《解答》

(1) d

(2) ホノカの家族はホノカが中学生のころにホストファミリーだったので，カオリは外国の生徒との(彼女の)体験について聞きたいと思ったから。

(3) ア

(4)・(外国からの訪問者を)あたたかいもてなしで歓迎すること。

・新潟の歴史と文化について知ること。

(5)① Yes, she was.

② He talked about the history of Sado in English (for them).

③ They have written to each other for five months.

(6) イ

《解説》

(1) 「数時間，私たちはそこにあるいくつかのおもしろい場所を訪れて楽しみました」 ___d___ に入れると，アリスとカオリが佐渡島に着いてからの行動として自然につながる。

(2) 「あなたは外国の生徒とどのように週末を過ごしたの？」という質問をした理由は，直前の文に示されている。

(3) 直前の文で，カオリは「私は新潟に住んでいるけれど，新潟についてのアリスの質問に答えられない」と考えている。また，次の段落ではカオリはアリスの質問に本を読んで答えていることから考える。ア「それはよくないわ。私は佐藤さんのようになりたい」が適切になる。

(4) 下線部分Cのあとの3文を参照。「英語を一生懸命に勉強すること」は2文目の内容となる。そのほかの内容はThe first thing is to welcome them with warm hospitality.とThe third thing is to know about the history and culture of Niigata.のto以下の部分をそれぞれまとめる。

(5)① 「カオリはホストファミリーになることに興味がありましたか」 本文7行目を参照。

② 「サトウさんはアリスとカオリのために何をしましたか」 本文24行目を参照。

③ 「アリスとカオリはどのくらいの間手紙のやりとりをしていますか」 本文31行目を参照。

(6) ア：「カオリは姉妹校を訪れたいと思い，それについて両親と話しました」 姉妹校の生徒のホストファミリーになりたいと思った。イ：「3月のある日曜日に，アリスとカオリは早く起きて船で佐渡島に行きました」 本文20行目に一致。ウ：「アリスとカオリが昼食を食べているときに佐藤さんが話しかけてきたので，アリスはうれしくありませんでした」 アリスがうれしくなかったとは述べられていない。エ：「アリスは新潟について知りたいと思ったので，カオリは新潟に関する本を買ってアリスにあげました」 本を買ってアリスにあげたとは述べられていない。オ：「カオリはアリスとの体験を通して大切なことを学んだとは思っていません」 カオリは3つの大切なことを学んだ。

《全訳》

　私は英語が好きです，なぜなら英語で多くの国の出身の人々と話すことができるからです。あなたはどうですか。今日，私は外国の生徒との体験について話したいと思います。

　去年の12月のある日，先生が教室で言いました。「姉妹校の生徒たちが3月に1週間，私たちの学校に来る予定です。彼らは日本の文化に興味を持っています。彼らはあなたたちの家族のところに滞在したいと思っています。だれか，彼らのホストファミリーになりたい人はいますか」

　私はそのとき，彼らのホストファミリーになりたいと思いました。家で，私は両親としばらくの間そのことについて話しました。両親は「お前が本当に興味があるなら，ホストファミリーになってもいいよ」と言ってくれました。私はとてもうれしくて「ありがとう」と言いました。私は「英語をたくさん勉強しよう」と思いました。

　冬休みの前に，私は友人のホノカと話しました。彼女の家族は彼女が中学生のころにホストファミリーだったので，私は外国の生徒との体験について聞きたいと思いました。私は「あなたは外国の生徒とどのように週末を過ごしたの」とたずねました。ホノカは「佐渡島に行ったわ。彼女が新潟を楽しめればいいと思ったの」と答えました。それはよいアイデアだと思いました。

　3月のある金曜日に，外国の生徒が何人か私たちの学校に来ました。彼らの1人がアリスでした。私は彼女を家に連れて行きました。家で私は「今週末はどこに行きたい，アリス」とたずねました。彼女は「新潟のおもしろい場所に行きたいわ」と答えました。私は佐渡島に行くことに決めました。

　日曜日に，アリスと私は早く起きました。私たちは船に乗って佐渡島に行きました。数時間，私たちはそこにあるいくつかのおもしろい場所を訪れて楽しみました。私たちが昼食を食べていたとき，アリスは佐渡についてたくさんの質問をしました。いくつかの質問はその歴史についてでした。私は「ごめんね，アリス，あなたの質問には答えたいの。でも，とても難しくて」と言いました。ある男性が私たちの近くで昼食を食べていました。彼は私たちに「こんにちは。お手伝いしましょう」と言いました。彼は英語で佐渡の歴史について話しました。アリスはうれしそうでした。男性の名前は佐藤さんでした。彼は外国からの旅行者相手のガイドでした。私は「私は新潟に住んでいるけれど，新潟についてのアリスの質問に答えられない。それはよくないわ。私は佐藤さんのようになりたい」と思いました。

　アリスはさらに4日間滞在しました。彼女は新潟の歴史と文化について，たくさんの質問をしました。私は新潟についての本を読んで，それらに答えました。

　アリスがホームステイを終えたとき，彼女は「ありがとう，カオリ。新潟は本当におもしろいわ！あなたと過ごせて楽しかったわ。帰国したら，あなたに手紙を書くわね」と言いました。私たちは5か月の間，手紙のやりとりをしています。

　新潟に来る外国からの訪問者を迎える際に大切なことは3つあると思います。1つ目は，彼らをあたたかいもてなしで歓迎することです。2つ目は，英語を一生懸命に勉強することです。3つ目は，新潟の歴史と文化について知ることです。私はアリスとの体験を通してそれらを学びました。今では，私は外国人とよりよいコミュニケーションをとるために，新潟についてもっと学びたいと思っています。

〔3〕

《解答》

(1)A　エ　C　ア

(2)　駅や店の周りには大きな駐輪場がないから。

(3)　友だちの1人から，友だちが車を使っていないときに車を借りる。

(4)　c　　(5)　ア　　(6)　イ，エ

(7)①　He stayed there last summer.

　②　No, they can't〔cannot〕.

　③　Because there aren't many cars there〔on the roads〕.

《解説》

(1)A　空らんの後に，「道路はとても混雑している」などの内容が続くので，「難しい」が適切。空らんの文が
　　Butで始まることからもマイナスの内容であると推測できる。

　C　空らんの後の「多くの人が自転車専用道路で自転車に乗っていました」からも，答えはアにしぼられる。

(2)　「私たちはまた，大きな駐輪場が必要です」　直前の文を参照する。

(3)　下線部の二つ後の文で，フランクは車が必要なときは友だちから借りると言っている。

(4)　「人々は自分たちの町をどう思っているのでしょうか」を入れる。第5段落でフランクが自分たちの町をど
　　う思っているか述べている。

(5)　この段落では車を持っている人が駐車場所をどうするかについて述べている。

(6)　第6段落にあるNow I have the answer.以下に述べられている。答えは，I will ～で書かれている2文
　　であり，イ・エとわかる。アは直接本文中になく，ウは「呼びかける」という部分が不適。

(7)①　「ケンジの父はいつドイツに滞在しましたか」　第2段落第1文参照。

　②　「フランクの町では，道路に車を駐車することができますか」　第4段落で駐車の仕方に関して述べられ
　　ている。

　③　「なぜフランクの町の子どもたちは道路で遊ぶことができるのですか」　第3段落7～9行目参照。

《全訳》

　私は普通，自転車で通学しており，私の学校の多くの生徒もそうしています。私の街では多くの人が通勤や通学に自転車を使い始めています。でも，街の中で自転車に乗るのは難しいです。道路は大変混雑しています。とても多くの人々と自転車が同じ道路を使っています。私たちには自転車専用の道路が必要です。そして，駅や店の周りには広い駐輪場がありません。私たちはまた，大きな駐輪場が必要です。

　私の父は昨年の夏，1ヶ月ほどドイツに滞在し，おもしろいことを学びました。ある日，父は友人のフランクに会いに行きました。彼は小さな町に住んでいて，父は電車でそこへ行きました。父はその町に着いたとき驚きました。駅の周りに車が見られず，多くの人が自転車専用の道路を自転車で走っていました。

　フランクは父に言いました。「1970年代にここの周りには公害がありました。車が公害を引き起こし，森がほとんど枯れました。人々はそれを心配し，環境に優しい町をつくることを決めました。私たちの町は他の町のよいお手本になっています。約70パーセントの世帯がここでは車を持っていません。私も車を持っていません」そのとき私の父はたずねました。「車が必要なときはどのようにするのですか」フランクは言いました。「友だちの1人から，友だちが車を使っていないときに車を借ります。店やレストランや学校が家の近くにあるので，車なしでいろいろなことができます。私は普通，通勤や買い物に自転車を使います。道路にはあまり車がありません。そしてこのことは私たちに他にもよいことをもたらしています。子どもたちが道路で遊んでいるとき，親たちは心配しなくてもいいのです」

　その町では自分の車を持っている人もいます。しかし，彼らは自宅に車を駐車してはいけませんし，道路にも駐車してはいけません。彼らは駅の近くに駐車場を買わなければなりません。でもその値段は約300万円です！この町では車をとめるのは安くありません。

　人々は自分たちの町をどう思っているのでしょうか。彼らはそこに住めて幸せそうに見えると父は私に言いました。フランクは「この小さな町に5500人ほどいますが，公害はありません。私たちはこの町をとても愛しています」と父に言いました。

　その町について私に話をした後，父は私にひとつの質問をしました。「公害についておまえは何ができるかな？」　私はそれについて考え，友だちや先生とそれについて話しました。今，私は答えを持っています。環境についてもっと勉強します。そして，もし私たちが車をあまり使わなければ，それは環境によいことです。だから，外出するときは歩くか自転車に乗るようにします。私は，もし私たちが変われば地球も変わるだろうと信じます。

〔4〕

《解答》

(1)　d　　(2)　ウ

(3)　貧しい子どもたちは家族を助けるために学校に行かずに働かなければならないから。

(4)　ア

(5)　牛の世話をすることは子どもたちにとっては難しいということ。

(6)①　He reads about five books.

　　②　Yes, it was.

　　③　They started helping it about fifteen years ago.

(7)　ウ

《解説》

(1)　「それに参加することによって多くの子どもたちが学校で勉強することができます」　itが何を指すかに着目する。dに入れると，プログラムに参加することで学校で勉強できるということになり，自然な流れになる。

(2)　「できる人もいますし，できない人もいます」　前文より，can'tのあとにはenjoy reading and writingが省略されていることがわかる。

(3)　「そして私は理由を見つけました」　本文第2段落4行目のAnd second「そして二つ目に」に着目し，その後に続く部分の内容をまとめる。

(4)　直前に「子どもたちはそれ（＝牛乳）を売ります」とあるので，ア「そして彼らは学校に行くお金を得ることができます」を続けるのが適切となる。

(5)　「私もそう思います」　soの内容は，直前の文のthat以下に示されている。taking care of the cowsは主語になる動名詞。

(6)①　「ハヤトは毎月，何冊の本を読みますか」　本文第1段落1～2行目参照。

　　②　「バングラデシュについての本はハヤトにとっておもしろかったですか」　本文第2段落1～2行目を参照。

　　③　「日本のボランティアグループのメンバーはいつそのプログラムを助け始めましたか」　本文第3段落5～6行目参照。

(7)　ア：「ハヤトは読書がとても好きですが，何かを書くことは好きではありません」　本文第1段落1～3行目参照。ハヤトはよく手紙や電子メールを友人に書いている。イ：「バングラデシュでは，貧しい子どもたちは学校で勉強するための物を買う必要はありません」　本文第2段落3～4行目参照。必要なときに買ってあげられない親がいるので一致しない。ウ：「バングラデシュでは中学校に行くためには多くのお金が必要とされます」　本文第3段落1～2行目の内容に一致する。エ：「バングラデシュのNGOはほかの国からの助けなしでボランティアの仕事をします」　日本のボランティアグループが手伝っている。

オ:「ハヤトはバングラデシュの人々のために何かよいことをするためにバングラデシュに行きたいと思っています」 本文最終段落参照。ハヤトはボランティアの仕事をしたいとは思っているが，バングラデシュに行きたいとは述べられていない。

《全訳》

　こんにちは，みなさん。ぼくは本を読んだり手紙を書いたりするのが大好きです。ぼくは毎月約５冊の本を読みます。本を読むことはぼくには楽しいです。ぼくはよく友人に手紙や電子メールを書きます。あなたたちはどうですか。世界のみんなが読んだり書いたりして楽しむことができるでしょうか。できる人もいますし，できない人もいます。日本の識字率は約100パーセントです。それはほぼすべての日本人は読み書きができるということを意味します。しかしバングラデシュの識字率は約59パーセントです。バングラデシュの多くの人は読み書きができません。そこの子どもたちは５年間小学校に通わなければなりません。彼らの親はそのためにたくさんのお金を必要としません。しかし多くの子どもたちは小学校で勉強することをやめてしまいます。なぜでしょうか。

　ぼくはそれについて知りたいと思い図書館に行きました。ぼくはバングラデシュについての本を見つけ，それを読みました。それはぼくにはおもしろく役に立ちました。そしてぼくは理由を見つけました。バングラデシュの多くの人は貧しいです。子どもたちが学校で勉強するために物を必要とするとき，それらを買えない親もいます。これが最初の理由です。そして二つ目に，貧しい子どもたちは家族を助けるために，学校に行かずに働かなければなりません。ぼくはそのことを悲しく思いました。しかし，ほかの国々の人たちの中には，ボランティアグループを通して子どもたちのためにお金を送る人もいます。

　別な問題があります。中学校に通うのはお金がかかるので，そうできない子どもたちがいます。バングラデシュの子どもたちのために何ができるでしょうか。さて，彼らのためのプログラムについてあなたたちにお話ししましょう。貧しい子どもたちが中学校に通いたいと思うときに，そのプログラムはとても役に立ちます。バングラデシュのあるNGOが子どもたちに若い牛を貸します。日本のあるボランティアグループのメンバーが約15年前にこのプログラムを助け始めました。このプログラムでは，子どもたちは若い牛を借り，それらの世話をします。牛は成長して牛乳を出します。子どもたちは牛乳を売ります。そして彼らは学校に行くためのお金を得ることができます。牛が赤ちゃんを産んだときには，子どもたちはそれらをNGOに渡します。それから，NGOはほかの子どもたちにそれらを貸すことができます。

　ぼくはこのプログラムはすばらしいと思います。それに参加することによって多くの子どもたちが学校で勉強できます。あるバングラデシュの中学生がそれについて話しました。「多くの人が，子どもたちにとって牛の世話をすることは難しいと考えます。私もそう思います。でも私はそのプログラムに感謝します。私は学校生活を楽しんでいます」

　世界にはたくさんの貧しい子どもたちがいます。ぼくはいつかボランティアの仕事をしたいです。ぼくは困っている人々を助けたいのです。

〔5〕

《解答》

⑴　ウ　　⑵　ア

⑶　多くの話を楽に運ぶことはよいと考えるから。

⑷①　No, she did not〔didn't〕.

　②　It was built around the year 800.

　③　He likes reading paper books better(than reading digital ones).

⑸　エ

⑹(解答例)　I like history books because I'm very interested in history.　I often read history books in my free time.　When I read them, I feel like living in the past.　It is exciting.　Also, I can learn many things from great people in history.

《解説》

⑴　because of 〜は「〜のために」という意味。ユタカの母親が「その話を読んだあとに，あなたはどう感じたの？」と聞いたことで，ユタカの読書への興味が増えた。ウ「ユタカの母親は，話を読んだあとにユタカに彼の気持ちをたずねました」

⑵　to do the same thing「同じことをすること」は，直前の文のto make books by using itを指している。このitはpaperを指している。

⑶　「(中には)電子書籍を読むのを楽しむ人がいます」　その理由は次の文で示されている。it is 〜 to ....で「…することは〜である」という意味を表す。

⑷①　「ユタカが寝る前に，ユタカの母親はふつう彼に絵本を読みましたか」　本文2〜3行目を参照。本を読んであげたのは父親。

　②　「日本の最初の図書館はいつ建てられましたか」　本文11行目を参照。

　③　「紙の本を読むことと電子書籍を読むことでは，ユタカはどちらのほうが好きですか」　本文第4段落の最後の文を参照。

⑸　ア：「両親がユタカに十分なお金をくれるので，ユタカは毎月約10冊の本を買うことができます」　ユタカは10冊全部を買うお金は持っていないので，図書館によく通っている。イ：「約3,000年前に，世界のいくつかの地域の人々は紙の本を読んでいました」　約3,000年前は，人々は貝がらや木材などに生活を記録していた。ウ：「ユタカの父親はすでにインターネットで1,000冊の外国の話を読んでいます」　父親の電子辞書の中に外国の話が1,000冊分入っている。エ：「ユタカはたくさんの種類の本を読んだあとに将来に何をするべきかについて考えてきました」　本文最終段落の内容に一致する。

⑹　まず，I like 〜 .の形で，どのような本が好きなのかを示すとよい。そのあとで，好きな理由や本から学んだことなどを続けて書く。解答例の訳は「私は歴史にとても興味があるので，歴史の本が好きです。私は自由な時間によく歴史の本を読みます。それらを読むとき，私は過去に生きているような感じがしま

す。それはわくわくします。また，私は歴史上の偉人から多くのことを学ぶことができます」。

《全訳》

　こんにちは，みなさん。ぼくの父と母は本を読むのが好きです。ぼくが小さな子どものころからずっと，ぼくの家にはたくさんの種類の本がありました。ぼくが寝るとき，父はたいていぼくといっしょにぼくの部屋に来て，ぼくに絵本を読んでくれました。4歳くらいのときに，ぼくは本を読み始めました。本を読んだあと，ぼくは母とその話について話すのが好きでした。彼女はいつもぼくの話を聞いて，優しい声で「その話を読んだあとに，あなたはどう感じたの？」と言いました。そのこともあって，ぼくは読書により興味を持つようになりました。

　ぼくは読書が今でも大好きです。ぼくは1か月に約10冊の本を読みます。ぼくはすべての本を買うのに必要なお金は持っていません。だからぼくはよく家の近くの図書館に行きます。それは3年前に建てられました。ぼくの姉はこの前の春に，そこで働き始めました。彼女はぼくに図書館の歴史について話しました。世界で最初の図書館は約2,700年前に建てられました。日本で最初の図書館は800年頃にある貴族によって建てられました。約1,100年後には，日本のいくつかの場所で人々は図書館を使いました。しかし当時の図書館は現在の図書館のようではありませんでした。図書館から本を借りることができなかったので，図書館で本を読まなければなりませんでした。それに，そこで本を読むのにお金が必要でした。

　姉が図書館についてぼくに話したあと，ぼくは本の歴史について知りたいと思い，図書館に行きました。約3,000年前，世界のいくつかの地域で，人々は貝がらや木材やほかの物の上に彼らの生活を記録しました。とても長い時間が経過して，人々はものごとを記録するのに紙を使い始めました。中国のある男性が100年頃に紙を発明しました。そこの人々はもっと多くのものごとを記録できると考えたので，紙を使って本を作り始めました。ほかの国々の人々もそう考え，同じことをし始めました。いつ紙は日本に来たのでしょうか。ぼくはある本から，ある男性が610年に日本海を渡って来て，日本の人々に紙の作り方を教えたことを知りました。その後，日本の人々は紙の本を読み始めました。

　今日，電子書籍を読むのを楽しむ人がいます。彼らは多くの話を楽に運ぶことはよいと考えます。ぼくはインターネットで，2017年には電子書籍の漫画が紙の漫画より人気が出たということを知りました。ぼくの友人の中には，家に紙の漫画を持っていない人もいて，彼らはインターネットで電子書籍の漫画を読みます。ぼくの父の電子辞書ですら，1,000の日本の話と同じ数の外国の話が入っています。でもぼくは電子書籍より紙の本を読むことのほうが好きです。

　ぼくは，本がなければぼくの人生はとても違っているだろうと思います。人々は何を考え何をするのか。ぼくは本からそれを学んできました。本はぼくに世界に関する多くのことを教えてきました。世界はどんなふうになるのか。ぼくは何をするべきなのか。多くの種類の本を読むことはぼくに，ぼくの将来について考える機会を与えてきました。本はあなたたちにどんな機会を与えてきましたか。

〔6〕

《解答》

(1) ア　　(2) 多くの人々が飢えているのに，たくさんの食べ物が捨てられていること。

(3) エ　　(4)(解答例)　have enough food

(5)① Yes, there are.

② (Because) they cannot〔can't〕take medicine when they are sick.

③ She can stop using plastic bags.

(6)(解答例)　Kana / I also think we need to do something to stop global warming.　I'm trying to turn off the lights to save energy when I don't use them.　It's a small thing, but I'll keep doing it.

《解説》

(1) 文の前半で，長生きする人が多くなっていると言っていることと，次の文で病院や世話をしてくれる人々が必要になると言っていることから考える。there are more old people「お年寄りが多くなっています」が適切となる。

(2) 「ぼくはそれを知って悲しく感じます」 thatは直前の文の内容を指している。文の後半は a lot of foodを主語にした受け身の文である。

(3) 下線部分Cがある段落の，エンドウ先生の発言を参照する。最後の2文で「答えは1つだけではありません。私たちは世界の問題を解決するために17の目標すべてを心に留めて，私たちの将来について考える必要があります」と言っていることから考える。「私たちが目標の1つについて考えるとき，Y答えは1つより多くあるので，X私たちはほかの目標についても考えるべきです」

(4) 直後にThis is goal No.2.とあることから，goal No.2について述べているシゲルのスピーチを参照し，その中から適する語句をさがす。

(5)① 「地球上には多くの問題がありますか」 本文3行目を参照。

② 「いくつかの国では，なぜ多くの子どもたちが5歳になる前に死んでしまうのですか」 本文7～9行目を参照。

③ 「カナは買い物に行くとき自分自身のバッグを使うことによって何ができますか」 カナのスピーチの5～6行目を参照。

(6) まず，コメントを書く相手を選ぶ。その後で相手のスピーチに対する感想や，スピーチの最後の質問に対して自分はどうするかなどを書けばよい。解答例の訳は「私も地球温暖化を止めるために何かをする必要があると思います。私はエネルギーを節約するために明かりを使わないときは明かりを消すようにしています。それは小さなことですが，私はそれをし続けるつもりです」。

《全訳》

　シゲルとカナは同じ中学校に通っています。エンドウ先生は彼らの英語の先生です。先週，エンドウ先生は英語の授業でSDGs（持続可能な開発目標）について話しました。彼は生徒たちに言いました。「地球には多くの問題があります。それらのいくつかはとても大きく深刻です。世界の指導者たちは2015年に17の目標を立てることを決め，私たちは2030年前にこれらの目標を実現するべきです。私たちは問題を解決するために何をすればよいかについて考えなければなりません。私たちはまた，協力しあう必要があります」　それから彼は目標No.3を説明しました。

　エンドウ先生は言いました。「目標No.3は『すべての人に健康と福祉を』です。いくつかの国では，多くの子どもたちが病気のときに薬を飲むことができないので，5歳になる前に死んでしまいます。理由の1つはお金です。彼らの家族は薬を得るための十分なお金を持っていません。彼らにとって子どもたちを健康に保つ方法を学ぶことも重要です。一方で，いくつかの国で，長生きする人が多くなり，お年寄りが多くなっています。そのような国々では，病院や彼らの世話をしてくれる人々が必要となるでしょう。さて，あなたたちにするべき宿題を出します。ほかの目標から1つ選んで，それについて短いスピーチを英語で書きなさい」

　次の授業で，シゲルとカナはスピーチをしました。

【シゲルのスピーチ】

> 　ぼくは目標No.2について話します。目標No.2は「飢餓をゼロに」です。世界中で多くの人々が飢えで苦しんでいます。十分な食べ物がなければ健康でいることはできません。十分な食べ物がないので死んでしまう人もいます。
>
> 　みなさんは今までに「食品ロス・廃棄」について聞いたことはありますか。まだ食べることができるけれど捨てられてしまう食べ物もあります。それは大きな問題です。多くの人々が飢えているのに，たくさんの食べ物が捨てられているのです。ぼくはそれを知って悲しく感じます。食べ物の問題を解決するためにぼくたちは何をするべきでしょうか。

【カナのスピーチ】

> 　私は目標No.13について話します。目標No.13は「気候変動に具体的な対策を」です。世界では自然災害がだんだん増えています。その理由の1つは地球温暖化だと言う科学者もいます。地球はよりあたたかくなっています。私たちはそれを止めるために何かをする必要があります。私たちは地球を大切にするべきです。私は，私たちは地球温暖化を止めるために何かをすることができると思います。たとえば，私は買い物に行くときに私自身のバッグを使います。そうすることによって，私はビニール袋を使うのをやめることができます。
>
> 　私たちは小さなことしかできませんが，それらをし続けるべきです。そうすると，私たちの生活はよりよくなるでしょう。みなさんは地球温暖化を止めるために何をするつもりですか。

　授業の終わりに，エンドウ先生は言いました。「SDGsはよりよい世界を築くための目標です。外国と日本の両方で多くの問題があります。私たちはどうやって世界の問題を解決できるでしょうか。世界中で，た

くさんの人々が病気で，彼らの中には病院に行けない人もいます。この問題を解決するために，私たちは人々を健康に保つ方法について考えなければなりません。これは目標No.3です。人々は健康でいるために十分な食べ物を持つ必要があります。これは目標No.2です。病院を建設することは別の解決法です。答えは1つだけではありません。私たちは世界の問題を解決するために17の目標すべてを心に留めて，私たちの将来について考える必要があります」

　生徒たちは大切なことを学びました。彼らには生活の中でSDGsのために何かをする多くの機会があります。自分たちの生活について考えることはこれらの目標を実現することにつながるでしょう。これらの問題について自分たちの周りの人たちと話すことも大切です。そうすれば，彼らは解決法を見つけるために協力しあうことができます。

〔7〕

《解答》

(1)　ウ　　(2)（解答例）　take off my shoes　　(3)　エ

(4)　日本人はまず他人の考えを尊重したいと思うので，ときどきお互いに自分の考えについて話さないということ。

(5)①　Yes, it was.

②　She looked very surprised (again).

③　He will try to guess other people's feelings like Japanese people.

(6)（解答例）　Hideki / When I heard your story, I remembered this saying.　When in Rome, do as the Romans do.　It may be difficult to say that I don't like spicy food.　But I think I should do that.

《解説》

(1)　前後の流れに着目する。ヒデキは香辛料のきいた食べ物は好きではないが，ホストファミリーを失望させたくなかった。また，　　A　　の発言のあとに香辛料のきいた食べ物がしばしば出されて，ヒデキは食べなければならなかった。　　A　　にはホストファミリーに気を遣った発言が入ると考えられる。

(2)　ヒデキの日記の中から，家に入ったときの状況を述べている部分を見つけ，その中から適する語句をさがす。

(3)　ステファンの日記の下線部Cがある部分と，ヒデキの日記の昼食時のことを述べている段落を参照する。「ステファンはXヒデキの母親に梅干しは好きではないと言いましたYが，彼は昼食の時間をとても楽しみました」

(4)　「ヒデキが話してくれるまでぼくはこのことを知りませんでした」　thisは直前の文のHe told me that に続く内容を指している。

(5)①　「ホームステイの初日にステファンにとってすべてが目新しかったですか」　ステファンの日記の1〜2行目を参照。

②　「ステファンがヒデキの母親を大きくハグしたとき，彼女はどのように見えましたか」　ステファンの日記の10〜11行目を参照。

③　「ステファンは何をしようとしていますか」　本文最後の1文を参照。

(6)　まず，コメントを書く相手を選ぶ。その後で相手の日記に対する感想や，日記の最後の質問に対して自分はどう思うかなどを書けばよい。解答例の訳は「ヒデキへ。私は＊＊＊です。あなたの話を聞いたとき，私はこの格言を思い出しました。ローマではローマ人のようにしなさい(郷に入っては郷に従え)。香辛料のきいた食べ物は好きではないと言うのは難しいかもしれません。でも私はそうするべきだと思います」。

《全訳》

　ヒデキは中学生です。ステファンは南アフリカ出身の生徒で，ヒデキの家に滞在しています。彼らは同級生です。ステファンのヒデキの家でのホームステイの最初の日に，ヒデキとステファンは夜に英語で日記を書きました。

【ヒデキの日記より】

　ステファンは午前中にぼくの家に到着しました。ぼくは彼に会えてとてもうれしかったです。

　彼がぼくたちの家に入ったとき，彼がくつを脱がなかったから父はとても驚きました。ステファンは，日本では家の中ではふつうくつを脱ぐということを知りませんでした。

　昼食時に，母は日本料理を作ってくれて，ぼくたちはそれを食べました。彼はそれを気に入ったようでした。でも彼が梅干しを食べたとき，彼は母にそれは好きでないと言いました。彼がそう言ったとき，母は驚いたように見えました。ぼくは，これは一種の文化の違いだと知っていました。ともかく，ぼくたちは彼といっしょに昼食を楽しみました。

　夜に，ぼくはステファンにアメリカでのぼくの体験について話しました。ホストファミリーのところに滞在したとき，ぼくは香辛料のきいた食べ物についてのぼくの気持ちを彼らに話すことができませんでした。ぼくはそれが好きではなかったのですが，ホストファミリーを失望させたくなかったのです。彼らはぼくに「この料理はどうですか」とたずねました。ぼくは「これはとてもおいしいです」と答えました。それで彼らはぼくにしばしば香辛料のきいた食べ物を出して，ぼくはそれを食べなければなりませんでした。

　ステファンとぼくは同じ状況にいましたが，彼はぼくと同じことはしませんでした。ぼくは同級生に「ぼくと同じ状況にいるなら，あなたたちはどうしますか」とたずねたいです。

【ステファンの日記より】

　今日は日本でのぼくの最初の日でした！ ヒデキと彼の家族はとても親切で，すべてがぼくには目新しいものでした。ぼくが家に入ったとき，ヒデキのお父さんは驚いたようで「ああ，待ちなさい！」と叫びました。ぼくはくつを脱がなければならないことを知りませんでした。南アフリカでは，ふつうくつをはいたまま家に入ります。このことは日本でのぼくにとっての最初の興味深いことでした。

　昼食時に，2つ目の興味深いことが起こりました。ヒデキのお母さんは昼食にたくさんの種類の日本料理を作ってくれました。それらのほとんどはおいしかったのですが，そのうちの1つだけはすっぱすぎたのでぼくには合いませんでした。彼女はぼくに「それは好きですか」とは聞きませんでした。でもぼくは彼女に「ぼくはそれが好きではありません」と言いました。彼女は驚いたように見えました。ぼくは「なぜ彼女は驚いたのだろう。わからないな。ぼくは彼女にぼくの意見を伝えただけなのに」と思いました。しかし，彼女のおかげで，ぼくたちは昼食をとても楽しみました。昼食後にぼくが彼女を大きくハグしたとき，彼女は再びとても驚いたように見えました。

　夜に，ヒデキとぼくはたくさん話しました。ぼくはヒデキのアメリカでの体験を聞いて驚きました。彼はぼくに，日本人はまず他人の考えを尊重したいと思うので，ときどきお互いに自分の考えについて話さないと言いました。ヒデキが話してくれるまでぼくはこのことを知りませんでした。ぼくの国では，ほかの人が自分を理解してくれることを望むので，ぼくたちはふつう自分の気持ちや意見について話します。今，ぼくは同級生に「昼食時のぼくのふるまいは正しかったですか，それとも間違っていましたか」とたずねたいです。

　数日後，英語の授業で，ヒデキとステファンはステファンのホームステイについて話しました。彼らはまた彼らの日記を読み上げました。彼らのクラスの生徒たちは彼らの話を聞きました。彼らが自分たちの話に興味を持ったので，ステファンはうれしく思いました。生徒たちは違う国の人々は多くの違った考え方や行動の仕方を持っているということを学びました。今，ステファンは他の人々の気持ちを推測することはとても難しいと考えていますが，日本人のようにしようとしています。

〔8〕

《解答》

(1) d

(2) ほかの多くの人たちといっしょに，自分の町の川をきれいにし終えたとき，幸せな気持ちになったから。

(3) ア

(4) より多くの若者がボランティア活動に興味を持つようになったこと。

(5) 書き損じのハガキのような役に立つ物を集めることは，簡単な活動の一つである（という考え）。

(6)① Yes, there are.

② Because she likes children and reading books.

③ They sing songs for them about three times in a year.

(7) エ

《解説》

(1) 「しかし，ほかの方法で人のためにできることもあります」　　d　　に入れると，直前の「そのようなボランティア活動をすることは大変かもしれません」との対比となり，自然な流れになる。

(2) 「（だから，）ぼくはそのとき，ボランティア活動に興味を持つようになったのです」　So「だから」に着目する。直前の文に，ボランティア活動に興味を持つようになった理由が述べられている。

(3) 図表1で，I'm doing「（私は）している」以外に割合が増えている答えは「したことがあるが，今はしていない」である。「～したことがある」という意味は，現在完了形の経験用法で表す。

(4) 「それはよいことだとぼくは思います」　thatは，直前の文のmore以下の内容を受けている。

(5) 直前のマサキの姉〔妹〕の発言の，collecting以下の内容をまとめる。

(6)① 「新潟では川をきれいにする活動はありますか」　本文3行目を参照。

② 「マサキの姉〔妹〕が，図書館で子どもたちに本の読み聞かせをするのを楽しんでいるのはなぜですか」本文第6段落の2～3行目を参照。

③ 「エミとタロウは年に何回，お年寄りのために歌を歌いますか」　本文第6段落の4～5行目を参照。

(7) ア：「マサキはボランティア活動に初めて参加する前に，ボランティア活動に興味がありました」　参加以前には興味がなかった。イ：「2007年に，若者の10パーセント以上がボランティア活動をしていました」図表1より，5.6パーセントである。ウ：「エミとタロウはお年寄りを学校に招待して，彼らといっしょに歌を歌います」　エミとタロウがお年寄りを訪問する。エ：「ハガキを書くときに間違っても，あなたはそのハガキを捨てるべきではありません」　本文第6段落，後半の内容に一致する。オ：「マサキは自分の姉〔妹〕はすばらしいと思い，図書館でのボランティア活動をしたいと思っています」　後半部分については述べられていない。

《全訳》

　こんにちは，みなさん。今日は，ボランティア活動について話したいと思います。ぼくたちはボランティア活動をすることで，多くのことを学べると思います。

　新潟には，川をきれいにする多くの活動があります。ぼくは10歳のときに家族といっしょにその活動の一つに参加しました。ぼくがボランティア活動をするのはそれが初めてでした。この活動に参加する前は，ぼくはボランティア活動に興味がありませんでした。ほかの多くの人たちといっしょに，自分の町の川をきれいにし終えたとき，ぼくは幸せな気持ちになりました。だから，ぼくはそのときボランティア活動に興味を持つようになったのです。

　どのくらいの人がボランティア活動をしているのでしょうか。二つの図表をお見せします。日本の18歳から24歳の若者が，ボランティア活動についてのいくつかの質問に答えました。二つの図表はその結果を示しています。

　まず，図表1を見てください。2003年と2007年の「している」という答えの割合はそんなに高くありませんが，2007年の割合のほうが高かったです。そして，「したことがあるが，今はしていない」という答えの割合も増えています。

　図表2を見てください。若者が「ボランティア活動に興味はありますか」という質問に答えました。2003年には，「いいえ」という答えの割合は，「はい」という答えの割合より高くなっています。しかし，これら二つの割合の違いはそんなに大きくありませんでした。2007年には，若者の半分以上が「はい」と答えています。つまり，より多くの若者がボランティア活動に興味を持つようになったと言えます。それはよいことだとぼくは思います。

　ボランティア活動にはたくさんの種類があります。まわりの人たちのために，ぼくたちができることがいくつかあります。たとえば，ぼくの姉〔妹〕は，ときどき図書館で子どもたちに本の読み聞かせをしています。彼女は子どもも読書も好きなので，その活動を楽しんでいます。ぼくの友人のエミとタロウは，歌を歌うことが好きです。ぼくたちの学校の近くに住んでいるお年寄りが何人かいます。エミとタロウは1年に約3回，そのお年寄りを訪ねて，そこで彼らのために歌を歌っています。エミは「お年寄りがほほ笑んでくれたり，私たちといっしょに歌ってくれたりするとうれしいの」と言っていました。ぼくの姉〔妹〕やエミ，そしてタロウはすばらしいです。そのようなボランティア活動をすることは大変かもしれません。しかし，ほかの方法で人のためにできることもあります。ハガキを書くときに間違ったことはありますか。どうかそのハガキを捨てないでください。それはまだ役に立ちます。人々を助けるために，そのような書き損じのハガキを集めているボランティアグループもあります。書き損じのハガキをボランティアグループに渡すことで，そのグループを支援することができます。ぼくはそのことを姉〔妹〕から知りました。彼女は「書き損じのハガキのような役に立つ物を集めることは，簡単な活動の一つだと思うわ」と言いました。ぼくもそう思います。だから，ぼくたちは書き損じのハガキを何枚か集めて，それらをボランティアグループの一つに渡しました。

　ほかの人たちのために何かをすると，幸せな気持ちになります。ボランティア活動に興味があるなら，いっしょに何かを始めませんか。以上です。

〔9〕

《解答》

(1)　c

(2)　(海外から日本に来る人々は)観光や買い物を楽しみ，日本滞在の間にたくさんのお金を使うから。

(3)　すべての人々によって理解される(理解され得る)製品や環境のデザイン。

(4)　イ

(5)　日本語とほかの言語で書かれたメニューを作っていること。

(6)①　She stayed with Sayaka's family for five days.

　②　No, it didn't〔did not〕.

　③　Her dream〔It〕is to help people from abroad as a volunteer.

(7)　ウ

《解説》

(1)　「言語はほかの国から来る人々にとって最も大きな問題の１つです」　　c　の前に，「しかしいくつか
　問題があります。たとえば，彼らの多くは日本語がわかりません」と言っていることに着目する。

(2)　「だから，彼らは日本の経済を支えていると言うことができます」　サヤカがそのように言った理由は，
　直前の文に述べられている。

(3)　直後の文で，ユニバーサルデザインの説明をしている。that can be understood by all people
　は〈主格の関係代名詞that＋(助)動詞～〉の形で，この部分が後ろからthe design of products and
　environmentsを説明している。

(4)　シンディが地図記号Aの意味がわからなかったことがヒントになる。

(5)　直後の文に，レストランでの試みが述べられている。

(6)①　「この前の夏，シンディはサヤカの家にどのくらいの間，滞在しましたか」　本文２～３行目を参照。

　②　「2015年に，南アメリカは北アメリカより日本を訪れる人が多かったですか」　表を参照。北アメリカ
　　から日本を訪れる人のほうが多かった。

　③　「将来のサヤカの夢は何ですか」　本文最終段落の１～２行目を参照。

(7)　ア：「サヤカの父は自分の町でほかの国から来る人々を見たことはありません」　サヤカの父が学生だっ
　たころはほとんど外国人を見なかったが，全く見なかったとは言っていない。また，この前の夏はシンディ
　をホームステイさせている。イ：「サヤカは先月英語の授業で『ユニバーサルデザイン』について習ったので，
　今，それに興味を持っています」　「ユニバーサルデザイン」についての本を読んで興味を持った。ウ：「多
　くの電車の駅で『ＡＺ６』のような標識を見ることができ，それらの標識は海外から来る人々の役に立ちま
　す」　本文第５段落の内容に一致する。エ：「若者は海外から来る人々を助けるために何かを考える必要は
　ありません」　サヤカは第２段落と最終段落で，海外から来る人々を助ける方法を考えるように問いかけ
　ている。オ：「サヤカは，外国を訪れるために日本の若者が英語を勉強することを望んでいます」　そのよ

うな内容は述べられていない。

《全訳》

　こんにちは，みなさん。あなたの町で，ほかの国から来る人たちを見かけることはありますか。私はときどき見かけます。この前の夏，私の家族はホストファミリーになりました。アメリカから来た生徒が5日間，私の家に滞在しました。彼女の名前はシンディで，私の家族は彼女をいくつかの有名な場所に連れて行きました。私の父は「私が学生のころは，ほかの国から来る人はほとんど見なかったよ」と言っていました。1年間に日本を訪れる人の数を知っていますか。このグラフを見てください。それは2003年から2015年まで日本を訪れた人々の数を示しています。

　2011年以降，日本を訪れた人々の数が増えたことがわかるでしょう。2015年には，約2千万人の人が日本を訪れたのです！　次に，表を見てください。それは2003年と2015年に世界の各地域から日本を訪れた人々の数を示しています。表から，世界の各地域から日本に来る人々が2003年より2015年のほうが多かったことがわかります。毎年，海外からたくさんの人が日本にやって来ます。彼らは観光や買い物を楽しみ，日本滞在の間にたくさんのお金を使います。だから，彼らは日本の経済を支えていると言うことができます。しかしいくつか問題があります。たとえば，彼らの多くは日本語がわかりません。言語はほかの国から来る人々にとって最も大きな問題の1つです。私たちは海外から来る人々をどのようにして助けることができるでしょうか。彼らを助ける方法について考えてみましょう。

　先月，私は「ユニバーサルデザイン」に関する本を読みました。「ユニバーサルデザイン」はすべての人々によって理解される（理解され得る）製品や環境のデザインです。その本を読んでから，私は「ユニバーサルデザイン」に興味を持つようになりました。日本でも，「ユニバーサルデザイン」のアイデアを使っている多くの物を見ることができます。

　さて，これらの2つの絵を見てください。Aの絵は地図記号です。何でしょうか。地図記号の意味はわかりますよね。そう，「交番」を表す地図記号です。多くの日本人はすでにそれを学校で習っているので，私たちには難しくはありません。しかし，海外から来る人々は意味がわからないと思います。実際に，シンディはそれを見たときに，「あれは『この場所に入ってはいけません』っていう意味なの？」と言いました。正しい答えがわからなかったのです。次に，Bの絵を見てください。Bの絵も「交番」を示しています。それは「ユニバーサルデザイン」の一例と言えます。「ユニバーサルデザイン」のアイデアが私たちの周りの物にもっと使われれば，海外から来る人々にとって，言語の問題はより小さなものになるでしょう。

　ほかにも彼らを助けるよい例を見つけられます。レストランの中には，日本語とほかの言語とで書かれたメニューを作っているところもあります。多くの電車の駅では，2つの英字と1つの数字が書かれた標識を見ることができます。たとえば，ＡＺ6はあおぞら線の6番目の駅を表します。このようにして，私たちは海外から来る人々を助けるために何かをし始めています。

　私たちのような若者は，海外から来る人々のために何ができるでしょうか。私の夢は，将来ボランティア

として彼らを助けることです。私は毎日英語を一生懸命に勉強しています。日本を訪れる人々を助ける方法について考え始めてはどうでしょうか。私のスピーチを聞いた後に，そのことについて考えてくれたら嬉しいです。

〔10〕

《解答》

(1) 毎朝小学生を手助けして，午後には通りをそうじすること。

(2) エ　　(3) ウ　　(4) エ　　(5) イ

(6)①　No, it was not〔wasn't〕.

　　②　He felt very sad.

　　③　He wants to be a person like the elderly man.

(7) イ

《解説》

(1) 「彼は20年以上もボランティアとしてずっとそれらの活動をし続けているの」 those activitiesの内容は，直前の文で述べられている。

(2) 本文第2段落最後の文で，リョウタがお年寄りの男性についてHe's great.「彼はすばらしい」と言っていることから考える。greatに近い意味の語は，エのamazing「すばらしい，驚くべき」

(3) リョウタが驚いた理由としては，ウ「お年寄りの男性がリョウタのことを覚えていたからです」が適切となる。

(4) 本文20～21行目を参照。エ「彼の友人たちは最初，彼に賛同しなかった」が適切。

(5) 「彼のおかげで，ぼくは自分の態度を変えました」 直前の文や，次の段落の1, 2文目を参照する。イ「リョウタは一人で学校をそうじし始め，それを楽しみました」

(6)①　「リョウタが生徒会のメンバーになったとき，ヒカリ高校はきれいでしたか」 本文1～2行目を参照。

　　②　「他の生徒たちが彼の意見を聞かなかったとき，リョウタはどのような気持ちになりましたか」 本文3～5行目を参照。

　　③　「リョウタは何になりたいと思っていますか」 本文最終文を参照。himは直前の文のthe elderly manを指している。

(7) ア：「リョウタの母親は，そのお年寄りの男性はいくつかの小学校をそうじするためにそこを訪れていると言いました」 お年寄りの男性は小学生たちを手助けしたり，通りをそうじしたりしているが，小学校はそうじしていない。イ：「ある日，リョウタは地域社会の人々を助けるためにいくつかのことをしているお年寄りの男性に会いました」 本文第2段落の内容に一致する。この文のwhoは主格の関係代名詞で，who以下がthe elderly manを説明している。ウ：「最初，お年寄りの男性はほかの町のお年寄りたちとボランティア活動を始めました」 ほかの町の高齢者がしている活動と同じことをしたいと思ったが，ほかの町の高齢者といっしょに活動したとは述べられていない。エ：「お年寄りの男性は自分のボランティア活動について話しているとき，悲しそうに見えました」 本文第3段落を参照。お年寄りの男性はリョウタと話しているときほほ笑んでいた。

《全訳》

　こんにちは，みなさん。この前の４月に，ぼくはヒカリ高校の生徒会のメンバーになりました。ぼくたちの学校はきれいでなかったので，ぼくはそれをきれいにしようと決心しました。ぼくはまずポスターを作りました。ぼくは「私たちの学校をきれいにしましょう」と書きました。しかしポスターの効果はありませんでした。次の週に，ぼくはほかの生徒たちに教室をもっとそうじすることを求め始めましたが，彼らはぼくの言うことを聞きませんでした。ぼくはとても悲しかったです。

　ぼくの町では，朝に小学生が学校へ歩いて行くときに，ボランティアグループのお年寄りたちが小学生を手助けしています。ある朝，通りでお年寄りたちを見たとき，ぼくは「あのお年寄りの男性を知っている。ぼくが小学生だったとき，彼は毎朝ぼくといっしょに歩いてくれた。彼はいまだにそうしているんだな」と思いました。その晩の夕食後，ぼくは彼について母と話しました。彼女は「彼は毎朝小学生を手助けして，午後には通りをそうじしているわ。彼は20年以上もボランティアとしてずっとそれらの活動をし続けているの。彼は今90歳よ」と言いました。ぼくは「本当に？　彼はすばらしい」と言いました。

　数日後，午後に学校から帰る途中で，彼を再び見かけました。彼はほかのお年寄りといっしょに通りをそうじしていました。ぼくは彼に「こんにちは。あなたのおかげで，この通りはいつもきれいです。あなたは毎朝小学生のお世話をしていますね。あなたはすばらしいです」と言いました。彼はほほ笑んで言いました。「ええと，私は65歳のときに退職しました。時間がたくさんできて，私は地域社会のために何かをしたいと思いました。ある日，私はほかの町の高齢者について聞きました。彼らは登校途中の小学生を手助けしていました。私は友人たちに『私たちの町でも同じことをしないか』とたずねましたが，彼らはしたがりませんでした。私は一人で子どもたちの手助けを始めましたが，このボランティア活動を楽しんでいたから悲しくはなかったです。友人の一人がときどき私の活動を見に来てくれて，最後には加わってくれました。のちにほかの友人たちが私たちに加わりました」　彼は再びほほ笑んで「私は人々の幸せな顔を見るとき，本当にうれしく感じます。君の名前はリョウタ君ですね？　君が小学生のとき，私は君とたくさん話しました。今，君は私よりずっと背が高いですね」と言いました。彼がぼくのことを知っていたので，ぼくは驚きました。

　その夜，ぼくは考えました。「彼の友人たちは最初，彼に賛同しなかったけれど，彼は一人で子どもたちの手助けを始めた。そして彼はいつも地域社会のために働くのを楽しんでいる。ぼくは何をしているんだろう？　ぼくはほかの生徒に助けを求めただけだった。ほかの人が一生懸命に働くことを望むなら，ぼく自身がとても一生懸命に働き始めなければならないし，それを楽しむべきだ」　彼のおかげで，ぼくは自分の態度を変えました。

　次の日，ぼくは放課後，一人で学校をそうじし始めました。学校がよりきれいになったので，ぼくはそうじを楽しみました。1週間後，友人の一人がぼくに加わりました。2週間後，数人の生徒がぼくたちに加わりました。1か月後，より多くの生徒たちがぼくたちと働き始めました。彼らの数人がぼくに「君が活動しているとき幸せそうに見えるから，君といっしょに働くことに決めたんだ。ぼくたちの学校はずっときれいになっている。それを誇りに思うよ」と言いました。ぼくはそれを聞いて，うれしく感じました。ぼくは「ぼ

くが態度を変えたあとに，ほかの生徒たちも態度を変えたんだ」と思いました。今，多くの生徒たちがとても一生懸命にぼくたちの学校をそうじして，ぼくたちの学校はとてもきれいです。

　ぼくはこれらの体験を通して大切なことを学びました。それを心に持っていれば，難しい問題さえ解決することができると思います。ぼくはそのお年寄りの男性に「ぼくはあなたから大切なことを学びました。ありがとうございます」と言いたいです。ぼくは彼のような人物になりたいです。

〔11〕

《解答》

(1)　エ

(2)　(その辺りの人々が)自分たち自身の生活のために木を切って使ったこと。

(3)　to live with nature

(4)① Yes, it was.

② It was built more than three hundred years ago.

③ It took about four hours (for her to write it).

(5)　ウ

(6)(解答例)　I felt happy when my family became a host family.　Last year, a student from America stayed at my house for a month.　Her name was Mary.　She was interested in Japanese culture, and we enjoyed talking with each other.

《解説》

(1)　ナオコのWhat is the topic of your report?「あなたのレポートの題材は何なの?」に対するシノの答えが入る。シノが　A　と答えたあとに,ナオコが「シノ,あなたはまずそれをしなければならないわ。すぐによいのが見つかるわよ」と言っていることから,シノはまだレポートを書いていないことがわかる。エ「私はまだそれを決めていないの」が適切。現在完了形の完了用法の否定文。

(2)　直前の文が,人々が木に対してしたことである。

(3)　本文第4段落の,タイゾウさんの発言を参照する。

(4)①　「シノがナオコの家から帰宅していたとき,空に太陽はありましたか」　本文8～9行目を参照。

②　「寺の近くの石碑はいつ建てられましたか」　本文22～23行目を参照。

③　「シノがレポートを書くのにどのくらい時間がかかりましたか」　本文29～30行目を参照。

(5)　ア:「ある夏の日,シノはいっしょにレポートを書くためにナオコの家を訪れました」　ナオコはレポートを書き終えていた。イ:「シノはナオコの家に行くときに,美しい鳥を見ました」　ナオコの家からの帰り道で,石碑の上にいる美しい鳥を見た。ウ:「タイゾウさんはシノが石碑に興味を持っていたのをうれしく思いました」　本文20～21行目のタイゾウさんの発言内容に一致する。エ:「タイゾウさんや他のお年寄りが地元の文化についてよく知っているので,若者はそれについて学ぶ必要はないとシノは思っています」自分のような若者が学ぶべきだと考えている。

(6)　まず,I felt happy when ～ .「私は～のときにうれしく感じました」などで始めるとよい。そのあとに,その出来事やうれしく感じた理由を含めて英文を書く。解答例の訳は「私の家族がホストファミリーになったときに,私はうれしく感じました。昨年,アメリカから来た生徒が私の家に1か月間滞在しました。彼女の名前はメアリーです。彼女は日本文化に興味を持っていて,私たちはお互いに話して楽しみました」。

《全訳》

　ある夏の日，シノは友人の一人のナオコを訪ねました。彼女たちはナオコの部屋に行きました。「とても暑い日ね。冷たいお茶はほしい？」とナオコがたずねました。「ありがとう」とシノは言いました。シノがお茶を飲んでいるとき，ナオコの机の上に何枚かの紙を見つけました。「あれはあなたのレポートなの？　あなたはそれを書き終えたの？」とシノがたずねました。「うん，書き終えたよ。私は地元の食べ物について書いたの。あなたのレポートの題材は何なの？」とナオコは言いました。シノは「私はまだそれを決めていないの」と言いました。「シノ，あなたはまずそれをしなければならないわ。すぐによいのが見つかるわよ」とナオコはシノに言いました。

　数時間ナオコの家に滞在したあと，シノはそこを離れました。彼女は自転車で帰宅していました。太陽はまだ空にあって，山々は美しかったです。「私は何について書くべきかしら？」と彼女は再び考えました。あるお寺の近くで，彼女は1羽の鳥を見つけました。「なんて美しい鳥なの！」　それは大きな石の上でさえずっていました。彼女がその石の近くに来ると，その鳥は彼女を見て，飛び去りました。彼女はその石を見ました。シノと同じくらいの高さで，彼女はその上に文字を見ることができました。「この石は何のためにあるのかしら？」と彼女は不思議に思いました。

　その晩，シノが夕食を食べていたとき，彼女は祖父にその石について話しました。「あれは長い歴史のある石碑だよ」と彼は言いました。シノは自分のレポートについて彼に話しました。「それについて書くことはよい考えだと思うよ。私の友人の一人がそれについてとてもよく知っている。彼の名前はタイゾウさんだ。公民館で彼に会えるよ」と彼は言いました。「それはいいわね。彼に会いたいわ」とシノは言いました。

　次の日，シノはタイゾウさんに会いに行きました。彼は公民館で彼女を待っていました。「こんにちは，シノ。君のおじいさんが私に電話をかけてきたんだよ。君は若いけれど，石碑に興味があるので，私はうれしいよ」とタイゾウさんはほほ笑んで言いました。彼は続けて言いました。「この辺りにはもっと多くの石碑があるよ。君は寺の近くで石碑を見ただろう？　それは300年以上前に建てられたんだ。この辺りの人々は木には魂があると思っていたけれど，彼らは自分たち自身の生活のために木を切って使ったんだ。そこで彼らは木に感謝をささげるために石碑を作ったんだよ」　彼はシノに石碑に関する本を何冊か見せました。「私たちは自然とともに生きるべきだよ。けれども，私たちはときどきその大切なことを忘れる。石碑を見るとき，私たちはそのことを思い出すことができるんだよ」と彼は言いました。シノは「これは地元の文化の一部で，私のような若者はこのことについて学ばなければならないわ」と思いました。タイゾウさんと話したあと，彼女は帰宅しました。彼女はその晩，レポートを終えるために最善を尽くしました。彼女がそれを書くのに約4時間かかりました。しかし，彼女はそれを書くのを楽しみました。彼女は思いました。「タイゾウさんから私はすばらしいメッセージを受け取ったわ。彼は自然とともに生きることは私たちにとって大切だと考えている。彼は私たちはそのことを忘れるべきではないと言ったわ。私もそう思う」

　夏休みは終わり，シノの学校は再び始まりました。教室で，ナオコがシノのところに来て「あなたのレポートの題材は何なの？」と言いました。「私はあなたを訪ねたあとに石碑を見つけたの。題材はその石碑よ」と

シノは言いました。「それはおもしろいわね。あとでそれを読みたいわ」とナオコは言いました。シノは放課後に，担任の先生のカトウ先生に会いました。「君のレポートはすばらしかった。それを書くために君は一生懸命に頑張ったと思う」と彼は言いました。シノは彼のことばを聞いたとき，うれしく感じました。

〔12〕

《解答》

(1)　e

(2)　カードの食べ物を新潟に運ぶ輸送手段によって，どのくらいの(量の)二酸化炭素が排出されるかということ。

(3)　私たちが買う食べ物の産地はどこか(ということと)，それはどのように私たちの食卓へ運ばれるのか(ということ)。

(4)　家庭も二酸化炭素をたくさん排出し，(その量は)発電所からの排出量よりも多いということを知ったから。

(5)　イ

(6)①　There were five students.

②　No, she didn't〔did not〕.

③　She will try to bring her eco-bag when she goes shopping.

(7)　ア

《解説》

(1)　「私は最初，それらは高校生には大きすぎる(問題だ)と思いました」　　e　に入れると，theyは直前の文のthe CO$_2$ problems「二酸化炭素の問題」を指すことになり，自然な流れになる。また，後ろの文のBut now I know they aren't.とも自然につながる。

(2)　「それらの星は何を示しているでしょう」　本文10 〜 11行目でアカギ先生が，星が示すことについて説明している。showのあとに続くhow much CO$_2$ 〜は間接疑問文。transportationのあとのthat brings the food on the card to Niigataは，主格の関係代名詞thatで始まる節である。

(3)　「この授業後，私はこのように考え始めました」　thisの指す内容は，次の文で述べられている。the food we buyは「私たちが買う食べ物」という意味。

(4)　be surprised to 〜「〜して驚く」　ハルナが驚いた理由は，to know以下に述べられている。

(5)　直後の文に，「違いはたったの1分間ですが，74グラムの二酸化炭素を減らすことができます」とあることに着目する。表より，74グラムの二酸化炭素を削減できる行動は，シャワー時間を1分減らすことである。

(6)①　「各グループには何人の生徒がいましたか」　本文4行目を参照。

②　「ハルナはカードの星についての質問に答えましたか」　だれも答えられなかった。

③　「二酸化炭素の排出を減らすために，ハルナは何をするでしょうか」　本文38 〜 39行目を参照。

(7)　ア：「先週，生徒たちは食べ物のカードを使って夕食を作り，カードの星が何を示しているのかを学びました」　本文第2段落の内容に一致する。イ：「社会科の授業で，生徒たちはグループになって夕食を作り，食べて楽しみました」　実際に夕食を調理したわけではない。ウ：「ハルナは社会科の授業で，店頭の食べ物の値段について学びました」　食べ物の値段について学んだという内容は述べられていない。エ：「列

車で運ばれるジャガイモのカードは，トラックで運ばれるジャガイモのカードより星が多い」　トラック
で運ばれるジャガイモのほうが星が多い。オ：「テレビを見ることは二酸化炭素の排出を減らす方法の１
つです」　テレビを見る時間を減らすのが方法の１つである。

《全訳》

こんにちは，みなさん。今日，私は先週の社会科の授業で勉強したことについて話します。私たちは授業
でおもしろいゲームをして，いくつか大切なことを学びました。

ゲームでは，私たちは５人のグループを８班作り，それぞれのグループで何枚かカードを持ちました。そ
れぞれのカードには，卵，魚，ジャガイモのようなさまざまな食べ物の絵がありました。私たちはそれらの
カードで夕食を作らなければなりませんでした。グループで作る夕食について話し終わったとき，社会科の
アカギ先生が「さて，それぞれのカードの反対の面を見てください」と言いました。そこにはいくつかの星が
ありました。彼女は私たちに，私たちが夕食を作るのに使ったカードにいくつ星があるのかを見るように言
い，「それらの星は何を示しているでしょう」とたずねました。だれも答え（られ）ませんでした。そのとき，
アカギ先生は私たちに「星は，カードの食べ物を新潟に運ぶ輸送手段によって，どのくらいの二酸化炭素が
排出されるかを示しています。たとえば，トラックによって運ばれるジャガイモは，列車によって運ばれる
ジャガイモより多くの星を持っています。なぜなら，トラックは列車より多くの二酸化炭素を排出するから
です。そして，長い距離を運ばれるジャガイモのほうが新潟産のジャガイモより多くの星を持っています」
と言いました。

食べ物が新潟に運ばれるときに二酸化炭素が排出されます。私は二酸化炭素の排出が世界の大きな問題に
なっていることは知っていましたが，食べ物を買うとき，輸送手段については考えませんでした。店では，
食べ物の値段に興味があるだけでした。しかしこの授業後，私はこのように考え始めました。私たちが買う
食べ物の産地はどこで，それはどのように私たちの食卓へ運ばれるのかについて知るべきです。

運輸は二酸化炭素を排出する唯一のものではありません。このグラフを見てください。全排出量の17パー
セントが運輸からのものですが，工場はもっと排出しているとわかります。50パーセント以上が工場と運輸
によって排出されているのです。私は，家庭も二酸化炭素をたくさん排出し，その量は発電所からの排出量
よりも多いということを知って驚いています。でも，このことは二酸化炭素の排出を減らすために家庭でい
くつかのことができるということを意味しています。

さて，二酸化炭素の排出を減らすいくつかの方法について話そうと思います。私はそれらをインターネッ
トで見つけました。この表を見てください。それは，色々なことをすることによって，どのくらいの量の二
酸化炭素を減らすことができるかを示しています。自動車を使わなければ，二酸化炭素の排出を減らすこと
ができます。あなたは家族といっしょに自動車で買い物に行きますか。もし店があなたの家からそんなに遠
くなければ，自転車を使うことができます。もしあなたが10分間シャワーを使うなら，より短時間にしてみ
てください。違いはたったの１分間ですが，74グラムの二酸化炭素を減らすことができます。二酸化炭素の

排出を減らすために，私は買い物に行くときに自分のエコバッグを持っていくようにするつもりです。

　私は社会科の授業で二酸化炭素の問題について学びました。私は最初，それらは高校生には大きすぎる問題だと思いました。でも今はそうではないと知っています。私たち各々は小さなことしかできませんが，地球のためにできることがあると私は思います。やってみれば，差をつけることができるのです。

〔13〕

《解答》

(1)　花に水をやる方法やそれらを包む方法。

(2)　イ　　(3)　エ

(4)①　Yes, she was.

　　②　Because they take care of her father for her.

　　③　It〔Her motto（for working）〕is to help a lot of people and make them happy.

(5)　ウ

(6)（解答例）　I want to be a scientist to make a lot of useful machines in the future. I hope people can make their lives better by using my machines. I'll study science and other subjects hard to be a scientist.

《解説》

(1)　such things「そのようなこと」は直前の文のhow to give water to flowers and how to wrap them を受けている。how to ～は「～する方法，～のし方」という意味を表す。

(2)　「しかし，2日目に私は苦い経験をしました」 第3段落では，フミコがミスをしてお客さんを怒らせて，悲しい思いをしたことが述べられている。イ「花屋でのフミコのミスは彼女を悲しくさせました」

(3)　下線部分Cの直前の2文を参照する。エ「なぜならフミコの母親は施設のお年寄りと彼らの家族の両方を助けていたからです」

(4)①　「フミコは職業体験日の最初の日に幸せでしたか」 本文7～9行目を参照。

　　②　「施設をよく訪れる女性はなぜフミコの母と他の職員に感謝するのですか」 本文21～23行目を参照。

　　③　「今，フミコの働くことへのモットーは何ですか」 第6段落1～4文目を参照。

(5)　ア：「フミコの夢は自分自身の花屋を開くことだったので，彼女は花屋で働くことに決めました」 フミコは将来の夢については述べていない。イ：「フミコの母親はフミコの店でのミスについて聞いたとき，腹を立てました」 母親は「だれでもミスはするものよ。気にしすぎないで」と言って，なぐさめた。ウ：「フミコは母親と話したあと，お客さんのことをもっと考えるべきだと思いました」 本文25～27行目の内容に一致する。エ：「店主のことばは働くことに関するフミコの考えを変えませんでした」 職業体験日のあと，フミコの考え方は変わった。

(6)　まず，I want to be ～ .の形で，どのような仕事をしたいのかを示すとよい。そのあとで，その仕事につきたい理由などを続けて書く。解答例の訳は「私は将来，たくさんの役に立つ機械を作るために科学者になりたいです。私の機械を使うことによって人々が生活をよりよくできればいいなと思います。私は科学者になるために理科やほかの教科を一生懸命に勉強するつもりです」。

《全訳》

　みなさんは今までに自分の将来の仕事について考えたことはありますか。なぜみなさんは働くのでしょうか。多くの生徒は「たくさんのお金を手に入れたいから。そのお金で自分の生活をよりよくしたい」と言うと思います。私もかつてはそのように言いましたが，職業体験日の経験のために今では違う答えを持っています。

　職業体験日に，私は花屋で3日間働きました。私は花が好きで，花についてもっと知りたいと思っていました。また，花屋での仕事は楽しそうに思えました。それで，私はそこで働くことに決めました。最初の日に，私は店主に会って働き始めました。私は一生懸命に働いてたくさんのことを学びました。たとえば，私は花に水をやる方法やそれらを包む方法を学びました。私はそのようなことを学んで楽しみ，幸せに感じました。その夜，私は母に「花屋で働くのは難しくないわ。おもしろいの」と言いました。

　しかし，2日目に私は苦い経験をしました。あるお客さんが私に花のいくつかの部分を切るように頼みましたが，間違って違う部分を切ってしまいました。また，いくつかミスをしてお客さんたちが腹を立てました。私は彼らに何度も「申し訳ありません」と言いました。私は悲しく感じました。店主は「あなたは注意深く自分の仕事をしなければなりません。私たちはすべてのお客さんたちを幸せにしなければなりません」と言いました。その日，私はもはや働くことを楽しむことができませんでした。

　その晩，母と夕食を食べていたとき，彼女が「あなたは悲しそうね，フミコ。あなたに何が起きたの？」と言いました。私は私のミスと気持ちについて話しました。「だれでもミスはするものよ。気にしすぎないで」と彼女は言いました。私は「お母さんは老人介護施設で職員として働いているのよね。働くとき幸せに感じる？」とたずねました。彼女はほほえんで「ええ。私はお年寄りのたくさんのほほ笑みを見てとても幸せに感じるわ。ええと，お父さんに会いによく施設を訪れる女性がいるの。彼女はお父さんのほほ笑みを見るとうれしそうよ。私と他の職員で彼女に代わって彼女のお父さんの面倒を見ているから，彼女は私たちに会うといつもありがとうと言うのよ」と答えました。私は「お母さんはそこのお年寄りだけでなく，彼らの家族も助けているってこと？」とたずねました。彼女は「そうよ」と答えました。私は彼女の仕事はすばらしいと思いました。それから彼女は「多くの人々の幸せそうな顔を見て気分よく感じるわ」と言いました。彼女のことばは私にとても強い印象を与えました。私は「私は花屋でお客さんのことを注意深く考えなかったけれど，明日は彼らのことをもっと考えよう。お母さんみたいに彼らを幸せにしよう」と思いました。

　最後の日に，私は花屋でお客さんのほほ笑みを見るために一生懸命に働きました。私はもはや悲しくはありませんでした。店で働くのを終えたあとに，私は店主と話しました。彼は「あなたが昨日悲しく感じていたことはわかっています。今日はあなたが楽しそうだったのでうれしいです。あなたはお客さんのために一生懸命に働きましたね」と言いました。私は「どうもありがとうございます。この店での経験は私に働くことについての大切なことを教えてくれました」と言いました。彼は「いいですね。私は働くことでたくさんの人々を助けたいと思いますし，彼らを幸せにしたいとも思います。生活のためにお金を得ることは大切ですが，

これら2つのことは私にとってはより大切です」と言いました。店主のことばは私に強い印象を与えました。私は彼と私の母から働くことについて大切なことを学びました。

みなさんはなぜ働きますか。職業体験日の前には，私は「たくさんのお金を得るため」と答えました。今なら私は「たくさんの人々を助けて彼らを幸せにするため」と言うでしょう。これは働くことへの私のモットーです。高校では，私たちは将来の仕事についてもっと考えなければならないでしょう。みなさん，あなたは将来，何になりたいですか。私は将来の仕事を決めるときに，働くことへの私のモットーに従いたいと思います。

聞いていただきありがとうございます。

〔14〕

《解答》

(1) b

(2) インターネットである梅干しの写真を見つけ，それらが1576年に漬けられたのを知ったから。

(3) いくつかの種類の微生物は簡単に繁殖できない。

(4) エ

(5) ゆでられた干ししいたけの中のビタミンDは，生しいたけの中のビタミンDより多いということ。

(6)① Yes, she does.

② She thinks (that) they are delicious.

③ They can eat them by adding water to them.

(7) ウ

《解説》

(1) 「昔，1年のすべての季節で十分な食べ物を得ることは難しかったのです」　b　に入れると，人々
が食べ物を保存しようとして効果的な保存方法を見つけたことの理由になり，自然な流れになる。

(2) 「私はとても驚きました」　驚いた理由は，それ(that)を知ったからである。thatの内容は前の部分に述
べられている。

(3) 本文12〜13行目を参照。

(4) （C）の前の文は，「現在，新鮮な食べ物を保つためのたくさんの種類の科学技術があります」という
意味である。第3段落では，新鮮な食べ物にはない保存食の利点について述べられているので，（C）
には直前の文に対立する内容のエ「しかし，私たちは今でもいくつかの料理を作るために保存食を使いま
す」を入れるのが適切となる。

(5) エリコがグラフから読み取った内容は，直後の文のWe can see thatに続く部分で述べられている。the
vitamin D in dried *shiitake* mushrooms that are boiledが主語となる。that are boiledが後ろからdried
shiitake mushroomsを修飾している。

(6)① 「エリコは毎日保存食を食べますか」　本文1〜2行目を参照。保存食の梅干しを毎日食べている。

② 「エリコは乾燥させたあるいは塩漬けにした魚と肉についてどう考えていますか」　本文29行目を参
照。

③ 「宇宙では，宇宙飛行士はどのようにして凍結乾燥で保存されたモチを食べることができますか」　本
文第4段落，最終文を参照。

(7) ア：「エリコはインターネットで1576年に漬けられたとても古い梅干しを買いました」　梅干しの写真を
見つけた。イ：「昔の人々は微生物についてたくさんのことを知っていたので，乾燥させることや塩漬け
にすることを利用していました」　14行目に「おそらく，昔の人々は微生物については知らなかった」とあ
る。ウ：「乾燥させることや塩漬けにすることは食べ物を保存する伝統的な方法で，それらは科学で説明

されることができます」 第2段落の内容に一致する。エ：「うまみ成分に関して，生しいたけと干ししいたけの間には違いはありません」 干ししいたけのうまみ成分のほうが多い。オ：「凍結乾燥は乾燥させる方法の一つで，その科学技術は地上でしか利用できません」 凍結乾燥は，宇宙での生活のために必要な多くの科学技術のうちの一つである。

《全訳》

こんにちは，みなさん。みなさんはどの種類の保存食をよく食べますか。たとえば，私は毎日梅干しを食べます。私はインターネットである梅干しの写真を見つけました。その梅干しは1576年に漬けられたのです！私はそれを知ってとても驚きました。そのときに，私は保存食に興味を持つようになりました。

私はそれらについて知るために，インターネットを使ったり本を読んだりしました。昔，1年のすべての季節で十分な食べ物を得ることは難しかったのです。そこで人々は食べ物を保存しようとし，そうするための効果的な方法をいくつか見つけました。これらは伝統的な知識になりました。おそらく，みなさんはこれらの二つの方法を知っています。乾燥させることと塩漬けにすることです。多くの種類の果物は乾燥させることによって保存されます。たとえば，乾燥バナナです。なぜこれらの二つの方法が食べ物を保存するのに効果的なのか，みなさんは知っていますか。食べ物が腐るときに食べ物に起こることについて考えてみましょう。いくつかの種類の微生物は食べ物の中で繁殖し，食べ物を腐らせます。微生物は繁殖するために水を必要とします。だから，乾燥させることは食べ物を保存するために効果的だと理解できます。次に，塩漬けにすることについて考えてみましょう。野菜を塩漬けにすると，その中の水分が外に出ます。そして，塩漬けにされた食べ物の中では，いくつかの種類の微生物は簡単には繁殖できません。おそらく，昔の人々は微生物については知らなかったのでしょうが，彼らは食べ物を保存するこれらの方法を見つけて，それらは伝統的な知識となりました。伝統的な知識は科学で説明されることができ，私にとってとてもおもしろいです。

現在，新鮮な食べ物を保つためのたくさんの種類の科学技術があります。しかし，私たちは今でもいくつかの料理を作るために保存食を使います。なぜでしょうか。保存食と新鮮な食べ物の間の違いを理解することによって，その理由のいくつかがわかるでしょう。たとえば，干ししいたけと生しいたけの間にはいくつかおもしろい違いがあります。グラフを見てください。ゆでられた干ししいたけの中のビタミンDは生しいたけの中のビタミンDより多いということがわかります。干ししいたけは生しいたけよりうまみ成分を多く含んでいるとも聞いています。また，私は魚と肉についての情報を見つけました。魚と肉は乾燥させることや塩漬けにすることによって保存されます。私は，そのような魚と肉はおいしいと思います。新鮮な食べ物にはないいくつかの利点を保存食は持っています。だから，私たちにとって新鮮な食べ物を食べることは難しくないですが，私たちは今でも保存食を食べて楽しんでいるのです。

今，私たちは乾燥させることと塩漬けにすることは食べ物を保存するための伝統的な方法だと知っています。みなさんは凍結乾燥について知っていますか。それは乾燥させる方法の一つです。凍結乾燥で保存されたいくつかの食べ物は，宇宙飛行士用の食べ物として宇宙に運ばれます。たとえば，rice cakeです。

ricecakeは日本語ではモチです。宇宙では，宇宙飛行士は水を加えることによってこれらのモチを食べることができます。

　凍結乾燥は，宇宙で宇宙飛行士が生活するために必要とする多くの科学技術のうちの一つです。私は，これはとてもおもしろいと思います。いつか，多くの人々が宇宙で生活するようになるかもしれません。ご清聴ありがとうございます。

〔15〕

《解答》

(1) 子どものいる一部の家族がほかの町へ引っ越して、人口が減少するということ。

(2) ウ　(3) イ　(4)(解答例)　meet and talk

(5)① Yes, they were.

　　② About five hundred schools do.

　　③ They can watch beautiful stars outside.

(6)(解答例)　nursing homes / The number of elderly people is increasing, but we don't have enough nursing homes for them.　I think it's a good idea to use closed schools as nursing homes because they have a lot of large rooms.

《解説》

(1) 「また、学校の閉鎖後には別の問題が発生します」　次の文のFor example,「例えば、」に続く部分が別の問題の例となる。〈get＋形容詞〉は「～になる」という意味。

(2) 下線部分Bがある文に続く内容を参照する。このプールでは、かつては学校の子どもたちが泳いでいて、今は魚が泳いでいる。ウ「以前はプールではX学校の子どもたちが泳いで楽しみ、そして今はYプールは魚を見せるために使われています」

(3) 文の前半で、新しい事業の開始には働き手が必要だと言っていることから考える。就職先が増えることになるので、イ「人々の雇用に貢献します」が適切となる。

(4) 直前の文を参照する。直前の文は過去の文だが、□D□の直前にtoがあり、不定詞を作るので、動詞は原形になることに注意する。

(5)① 「日本の廃校の中には別の目的で使われるものもあると知ったとき、ユウジとミドリは驚きましたか」本文3～4行目を参照照。

　　② 「毎年いくつの学校が日本で新たに閉鎖されますか」　本文5行目を参照。

　　③ 「ミドリによれば、人々は眠る前にホテルで何をすることができますか」　ミドリのスピーチの4行目を参。

(6) まず、廃校の活用方法について、現在の問題なども交えながら、活用する利点などを書けばよい。解答例の訳は「老人ホーム / お年寄りの数は増えていますが、彼らのための十分な老人ホームはありません。廃校には広い部屋がたくさんあるので、それらを老人ホームとして利用することはよい考えだと思います」。

《全訳》

ユウジとミドリは新潟のある中学校の同級生です。サトウ先生は彼らの英語の先生です。先週、サトウ先生が英語の授業中に廃校について話しました。彼は生徒たちに、「日本には廃校がたくさんあって、そのう

ちのいくつかは別の目的に使われています」と言いました。ユウジとミドリはそれを聞いて驚きました。サトウ先生は続けました。「日本では，毎年約500校が新たに廃校になります。学校周辺の住民はとても悲しい気持ちになります。また，学校の閉鎖後には別の問題が発生します。例えば，子どものいる一部の家族がほかの町へ引っ越して，人口が減少します。現在，廃校を利用することは日本中で普及してきています。廃校の約70%が多くの種類の目的のために使われているそうです。事務所，レストラン，老人ホーム，病院，博物館などとして使われているものもあります。では，あなたたちがする宿題を出します。廃校についてもっと調べて，それについての短いスピーチを英語で書いてください」

次の授業で，ユウジとミドリがスピーチをしました。

【ユウジのスピーチ】

> ぼくは海の近くのある市にある廃校について読みました。それは今では人気のある水族館です。子どもからお年寄りまで，多くの人々がそこに来ます。その市の人々が水族館を支援しています。例えば，漁師が魚を捕まえ，水族館は彼らから魚をもらいます。そこには非常に思い出のあるプールがあります。学校の子どもたちがかつてはそこで泳ぎ，楽しく過ごしました。今日ではそこに魚が泳いでいて，人々がそれを見て楽しんでいます。新しい歴史が始まったと思います。

【ミドリのスピーチ】

> ホテルになった学校がいくつかあります。山の近くのあるすてきなホテルについて話します。そこはその町の最も有名な場所のひとつです。そこではいくつかの活動に挑戦できます。午前中は，学校の図書館で本を読むことができます。昼食後，調理室でケーキを作ることができます。就寝前に，外で美しい星をながめることができます。私は家族とそこへ行って，2日間滞在するつもりです。
>
> 学校の再利用にはよい点があると思います。人々は机，いすや部屋を利用できるので，新しい事業を始めるのに，お金を節約できます。それに新しい事業の開始には働き手が必要なので，人々の雇用に貢献します。

彼らのスピーチのあとで，サトウ先生が言いました。「あなたたちは二つの場所についてすばらしい発表をしましたね。それらの場所にはいくつかの共通したよい点があります。それらの場所の人々は廃校の再利用を始めました。方法はちがいますが，どちらも学校の建物と自然をとてもじょうずに利用しています。現在，廃校の中にはより多くの役割を持つものがあり，ますます多くの人々がいろいろなところからやってきます。彼らはさまざまな年代の人々です。若いころにそれらの学校で学んだ人々もいます。そこにはたくさんの思い出があるので，それらの学校は彼らにとって大切な場所なのです。彼らは学生時代に出会い，語り合ったのです。今，そこで再び会い，語り合って喜びを感じているのです。私たちはそのような場所をそう簡単には手放すべきではないのです」

新潟にも廃校はあります。使われているものもありますが，使われていないものもあります。もっとそれらの学校を活用すべきです。

受験生の皆様へ

●この問題集は,令和7・8年度の受験生を対象として作成したものです。

●この問題集は,「新潟県統一模試」で過去に出題された問題を,分野や単元別にまとめ,的をしぼった学習ができるようにしています。
特定の教科における不得意分野の克服や得意分野の伸長のためには,同種類の問題を集中的に練習し,学力を確かなものにすることが必要です。

●この問題集に掲載されている問題の使用可能時期について,問題編巻末の「問題の使用時期」にまとめました。適切な時期に問題練習を行い,詳しい解説で問題解法の定着をはかることをおすすめします。

※問題集に誤植などの不備があった場合は,当会ホームページにその内容を掲載いたします。以下のアドレスから問題集紹介ページにアクセスしていただき,その内容をご確認ください。

https://t-moshi.jp

令和7・8年度受験用　新潟県公立高校入試　入試出題形式別問題集　英語（解答・解説編）

2024 年 7 月 1 日　　第一版発行

監　修　新潟県統一模試会
発行所　新潟県統一模試会
　　　　新潟市中央区弁天 3-2-20 弁天 501 ビル 2F
　　　　〒950-0901
　　　　TEL 0120-25-2262
発売所　株式会社 星雲社（共同出版社・流通責任出版社）
　　　　東京都文京区水道 1-3-30
　　　　〒112 0005
　　　　TEL 03-3868-3275
印刷所　株式会社 ニイガタ

ISBN978-4-434-33993-6

C6037 ¥1700E

定価1,870円（本体1,700円＋税10%）
発行:新潟県統一模試会
発売:星雲社

新潟県統一模試会
<英語／問題編＋解答・解説編　2冊セット>